I0146595

LES
ÉMIGRANTS
AU BRÉSIL

TRADUIT DE L'ALLEMAND

d'Amélie Schoppe

PAR P.-C. GÉRARD

M.&C.ie

ROUEN

MÉGARD ET Cie, IMPRIM.-LIBRAIRES

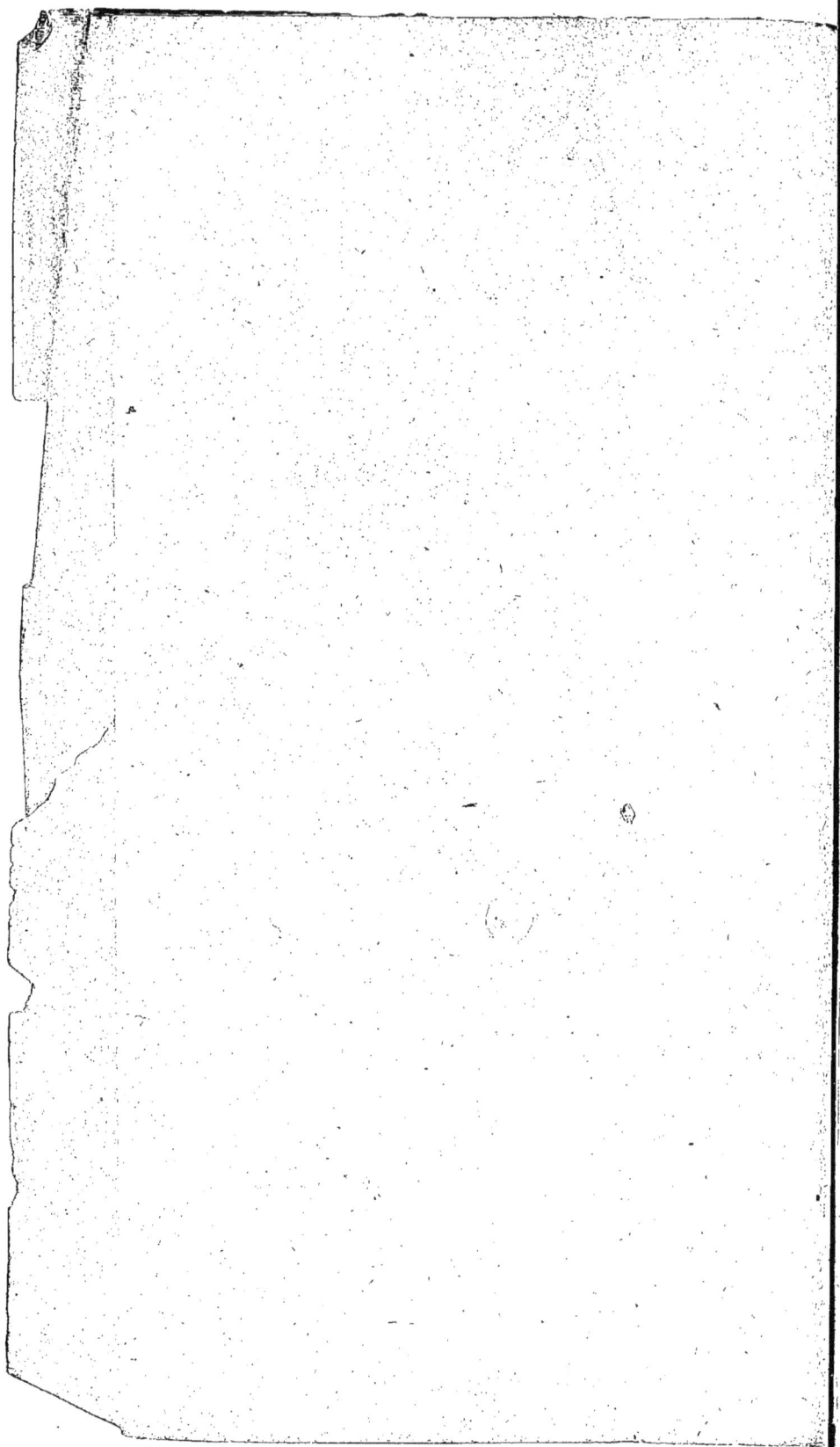

BIBLIOTHÈQUE MORALE

DE

LA JEUNESSE

PUBLIÉE

AVEC APPROBATION

Y^2

Mégard et Cie   Émigrants

Les émigrants au Brésil

LES

ÉMIGRANTS

AU BRÉSIL

TRADUIT DE L'ALLEMAND

d'Amélie Schoppe

PAR P.-C. GÉRARD

ROUEN

MÉGARD ET Cie, IMPRIM.-LIBRAIRES

1857

Propriété des Éditeurs.

APPROBATION.

Les Ouvrages composant **la Bibliothèque morale de la jeunesse** ont été revus et approuvés par un Comité d'Ecclésiastiques nommé par MONSEIGNEUR L'ARCHEVÊQUE DE ROUEN.

L'ouvrage ayant pour titre : **les Émigrants au Brésil,** a été lu et admis.

Le Président du Comité ,

Sicard &

Archip. de la Métrop.

Avis des Éditeurs.

———•◦•———

Les Éditeurs de la **Bibliothèque morale de la Jeunesse** ont pris tout à fait au sérieux le titre qu'ils ont choisi pour le donner à cette collection de bons livres. Ils regardent comme une obligation rigoureuse de ne rien négliger pour le justifier dans toute sa signification et toute son étendue.

Aucun livre ne sortira de leurs presses, pour entrer dans cette collection, qu'il n'ait été au préalable lu et examiné attentivement, non-seulement par les Éditeurs, mais encore par les personnes les plus compétentes et les plus éclairées. Pour cet examen, ils auront recours particulièrement à des Ecclésiastiques. C'est à eux, avant tout, qu'est confié le salut de l'Enfance, et, plus que qui que ce soit, ils sont capables de découvrir ce qui, le moins du monde, pourrait offrir quelque danger dans les publications destinées spécialement à la Jeunesse chrétienne.

Aussi tous les ouvrages composant la **Bibliothèque morale de la Jeunesse** sont-ils revus et approuvés par un Comité d'Ecclésiastiques nommé à cet effet par MONSEIGNEUR L'ARCHEVÊQUE DE ROUEN. C'est assez dire que les écoles et les familles chrétiennes trouveront dans notre collection toutes les garanties désirables, et que nous ferons tout pour justifier et accroître la confiance dont elle est déjà l'objet.

◄◦►

LES

ÉMIGRANTS

AU BRÉSIL.

CHAPITRE I.

Le Brésil.

Mes chers enfants, vous avez déjà sans doute
entendu parler des gens qui, abandonnant l'Europe, dont la population est devenue si considérable, qu'elle peut à peine nourrir tous ses habitants, vont dans d'autres parties du globe, et

principalement dans le nouveau monde, chercher des moyens de soutenir leur existence, faute de les trouver dans leur patrie.

Combien de malheureux émigrants ont été trompés dans leurs espérances, et, au lieu de trouver dans leur nouvelle patrie le bonheur qu'ils y cherchaient, n'y ont rencontré que la plus affreuse misère et quelquefois l'esclavage ! D'autres, en revanche, ont prospéré au-delà de leur attente.

Parmi les pays de l'Amérique où le besoin et quelquefois le désir d'émigrer conduisent les Européens, le Brésil est celui auquel ils paraissent avoir donné la préférence.

Ce vaste empire, situé dans l'Amérique du Sud, non loin de la ligne équinoxiale, est, sous le rapport des productions naturelles, un des pays les plus favorisés de la terre. Sa superficie est de 100,000 lieues carrées, dont 1,000 au plus sont cultivées ; par conséquent, il offre aux émigrants un vaste champ pour exercer leur industrie.

Naguère le Brésil n'était qu'une province du petit royaume de Portugal, administrée par un vice-roi et des gouverneurs. Depuis 1822, il s'est entièrement séparé de la métropole, et le prince royal de Portugal a été solennellement reconnu empereur du Brésil sous le nom de Pierre Ier, de sorte que cet empire forme aujourd'hui un État entièrement indépendant de l'Europe. Sa grandeur toujours croissante pourra peut-être un jour devenir redoutable à l'Amérique du Sud.

Si la population de l'Europe est trop considérable pour son étendue, qui n'est pas comparable à celle de l'Amérique, le Brésil, au contraire, est pauvre en habitants; car il ne compte que 4,221,000 âmes sur l'immense surface de 100,000 lieues carrées, et le gouvernement actuel s'occupe sans relâche d'y attirer des étrangers, principalement des Européens, qu'y conduisent de flatteuses promesses, qu'ils voient rarement se réaliser.

Nonobstant les déceptions sans nombre qu'y ont éprouvées une foule considérable d'émigrants, chaque année des familles entières partent pour le Brésil, dans l'espoir d'y faire fortune. Plus d'un jeune homme s'est embarqué sur le navire qui transportait des émigrants dans cette contrée, en se berçant de rêves d'or; plus d'une famille a

1.

vendu tout ce qu'elle possédait en Europe pour
payer les frais de passage , qui sont très-considé-
rables.

CHAPITRE II.

Le Père Riemann et les Émigrants.

Ce ne fut ni le désir d'émigrer ni la cupidité qui firent prendre au père Riemann, brave et actif laboureur wurtembergeois, la détermination de quitter le sol qui l'avait vu naître, pour chercher dans des pays éloignés un bonheur incertain.

De mauvaises années, les ravages de la grêle, la mortalité du bétail avaient peu à peu accompli la ruine de cette honnête famille, qui avait joui jadis d'une douce aisance, et le pauvre Riemann

était encore une fois au milieu de ses champs, que
la grêle avait dévastés. Les épis jonchaient la
terre : pas un n'avait échappé à la destruction. Il
comptait cependant sur cette récolte; si elle avait
été abondante, il y avait encore espoir de salut
pour lui, il aurait eu son pain assuré pour toute
l'année et aurait pu rembourser à son propriétaire
une partie de ses fermages; car le père Riemann
ne possédait pas de terres, il tenait une ferme à bail
d'un riche propriétaire du pays. Son patrimoine
consistait en une pauvre chaumière et quelques
perches de terre; encore tout n'était-il pas à lui;
car les malheurs qu'il éprouvait depuis quelques
années l'avaient obligé d'emprunter de l'argent et
de laisser prendre hypothèque sur sa maison.

— Seigneur, s'écria Riemann l'œil humide de
larmes, en contemplant ses champs dévastés, ta
main s'appesantit sur moi. Que ta sainte volonté
soit faite! ajouta-t-il au bout de quelques instants
en levant les yeux au ciel; car, plein de soumis-
sion envers Dieu, il supportait ces rudes épreuves
avec une résignation admirable.

Mes chers enfants, imitez l'exemple de ce ver-

tueux laboureur et apprenez à vous soumettre
sans murmures aux volontés de Dieu; dites comme
lui, quand le malheur vous frappe : « Seigneur,
que ta volonté soit faite! » Quelle que soit votre
affliction, la plus douce consolation que vous puis-
siez trouver est de penser qu'elle vient du Tout-
Puissant. Moi-même j'ai plus d'une fois eu recours à ce moyen ; quand le chagrin m'accablait,
j'adressais à Dieu une fervente prière, et le calme
renaissait dans mon cœur. Quand les mauvais
jours étaient passés et que le bonheur paraissait
me sourire, je reconnaissais avec gratitude que
mes espérances n'avaient pas été déçues, que ce
n'avait pas été en vain que j'avais eu confiance en
la bonté et en la sagesse de mon Créateur, et que
souvent même cette affliction était devenue la
source unique de mon bonheur. Cette résignation,
que vous acquerrez aussi bien que moi, rend au
cœur sa force et son calme; on se soumet avec hu-
milité aux volontés du Très-Haut. Et quel bonheur
sur cette terre approche de la confiance en Dieu?

Telle était la situation du père Riemann, et,
quoiqu'il ne vît pas comment il lui serait possible

de soutenir plus longtemps sa famille, il ne déses-
pérait pas de la bonté de Dieu, et disait en lui-
même : « Celui qui donne aux fleurs des champs
leur brillante parure et la nourriture aux jeunes
oiseaux, ne m'abandonnera pas. »

Il se disposait à retourner au milieu des siens,
lorsqu'il entendit au loin retentir des chants
joyeux : c'étaient des hommes, des femmes et des
enfants qui chantaient cette chanson si répandue
dans toute l'Allemagne :

Le Brésil n'est pas loin d'ici, etc.

et cherchaient, par leurs chants, à se distraire
des ennuis de leur long et pénible voyage.

Les émigrants furent bientôt près de lui ; le
convoi consistait en soixante-dix à quatre-vingts
personnes de tout âge et de tout sexe, les uns por-
tant leurs bagages sur leur dos, les autres sous leur
bras. Les mères conduisaient par la main leurs
jeunes enfants et invitaient leurs compagnons de
voyage à ralentir leur marche, pour qu'elles ne
fussent pas obligées de rester en arrière. De jeunes
et vigoureux garçons s'étaient attelés à de petites
voitures sur lesquelles étaient chargés sans ordre

des ustensiles de ménage et des instruments d'agriculture. Quelques chiens, fidèles compagnons de
l'homme, suivaient leurs maîtres, à la fortune
desquels ils étaient attachés; sanglante réproba-
tion de la conduite de bien des hommes, qui ne
restent fidèles à leurs amis que tant que la fortune
leur sourit. Tous allaient pieds nus, tant pour ac-
célérer leur marche que pour ménager leur chaus-
sure. Quelques vieillards fumaient dans de petites
pipes de terre noircies par l'usage; les enfants
grignotaient des croûtes de pain qu'ils avaient
reçues de la charité des habitants des villages
qu'ils traversaient, et où régnait la misère, aussi
bien que parmi eux. Un de leurs compagnons,
jeune et joyeux garçon, avait tiré sa flûte de son
sac et jouait en marchant l'air de la chanson que
je viens de citer; ses camarades l'accompagnaient
de la voix.

Le convoi passa devant le père Riemann, et
chacun salua amicalement le brave laboureur.

— Où allez-vous comme cela? demanda le
vieillard à un homme dans la force de l'âge, qui
portait dans ses bras un de ses enfants encore à la

mamelle, tandis qu'un autre, gros garçon de six ans, aux joues rouges et rebondies, allait trottant à ses côtés.

— Notre chanson vous le dit, répondit le voyageur en s'arrêtant.

— Vous allez au Brésil ? lui demanda Riemann.

— Oui, oui, nous partons pour le Brésil; ici nous mourons de faim; la terre nous refuse notre subsistance, et nous allons chercher fortune dans un pays où l'on trouve dans tous les coins des monceaux d'or et d'argent, ainsi que cela nous a été assuré. Si nous n'y trouvons pas les richesses qui nous ont été promises, nous savons que le pays est assez vaste pour occuper des bras laborieux, et qu'au moins nous n'y périrons pas de misère.

— Où vous embarquez-vous ? lui dit Riemann, dont l'esprit parut frappé d'un trait de lumière.

— En Hollande, où se trouvent un grand nombre de navires qui transportent les émigrants dans leur nouvelle patrie. Adieu, portez-vous bien; je ne puis m'arrêter plus longtemps; car mes compagnons marchent toujours, et j'aurais de la peine à les rejoindre.

— Bon voyage, lui dit Riemann en lui pressant la main.

— Grand merci, père, répondit l'émigrant.

Bientôt le convoi disparut aux yeux de Riemann derrière une colline fermant l'entrée d'une vallée qui se déroulait au loin.

— Au Brésil! pensa Riemann en regagnant sa chaumière. Il faut que je réfléchisse à cette idée, et puis après... Eh! qui sait si Dieu ne m'a pas envoyé ces gens pour me montrer le chemin du salut?

CHAPITRE III.

—

Allons au Brésil.

— Mes enfants, dit le père Riemann en rentrant
dans sa chaumière, où sa famille assemblée cherchait à lire sur ses traits si l'espoir de la récolte
était anéanti, la grêle a tout détruit ; il ne faut
plus, pour cette année, penser à la récolte...

Il fut interrompu par l'exclamation : « Dieu ait
pitié de nous ! » qui s'échappa de la bouche de
tous les assistants. Marguerite, sa fille aînée,
veuve depuis peu, et que son vieux père soutenait
ainsi que son enfant, s'écria : — Nous voilà perdus, perdus à tout jamais! Malheureux que nous
sommes !

— Ma fille, répondit le pieux vieilllard, nous sommes pauvres, et non malheureux ; nous ne sommes pas perdus ainsi que tu le penses ; car la perdition n'est que pour les gens vicieux et les pécheurs endurcis. Il est vrai que le sort nous est contraire, et que nous ne pouvons sans effroi jeter un regard sur l'avenir ; mais, comme nous n'avons jamais fait de mal et que nous observons religieusement les préceptes du Seigneur, nous ne devons pas perdre courage ; Dieu, notre Père céleste, ne nous abandonnera pas ; je crois même que déjà il nous a montré le chemin de la délivrance. Vous savez que l'empereur du Brésil accorde des secours aux gens laborieux qui viennent s'établir dans son pays ; qu'il leur donne de la terre à cultiver, des grains et des instruments d'agriculture, parce que son vaste empire n'est pas assez peuplé, et qu'en outre les naturels du pays ne connaissent qu'imparfaitement la culture...

— Eh bien ! mon père, où voulez-vous en venir ? lui demanda Conrad, l'aîné de ses fils, garçon actif et vigoureux, en le regardant fixement.

— Je voulais vous proposer, continua Riemann,

de vendre notre chaumière et les meubles qui nous sont inutiles, de nous acquitter de nos dettes et d'employer la somme qui nous restera à payer notre passage pour le Brésil, où nous trouverons, sans nul doute, une récompense de nos labeurs.

— Ma foi, s'écria Conrad, cette idée n'est pas à dédaigner.

Dans son imagination de jeune homme, il saisissait avidement l'occasion de voir des contrées inconnues. Mais cet empressement était excusable ; car il ne pouvait attendre dans sa patrie que le désespoir et la misère.

Marguerite et les autres enfants (car depuis longtemps Riemann avait perdu sa compagne) baissèrent les yeux et laissèrent échapper un soupir. Qu'il leur semblait cruel de quitter leur chère patrie, le sol qui les avait vus naître, d'abandonner ce jardin si longtemps cultivé par leurs mains, ces cerisiers qu'eux-mêmes avaient plantés et qui portaient les plus doux fruits, ces berceaux de lilas où ils trouvaient un abri contre l'ardeur du soleil à leur retour des champs, quand ils pouvaient consacrer un quart d'heure au repos ! Mais

ce qui les affligeait plus encore que tout cela,
c'était de quitter le tombeau de leur mère, où
chaque année ils allaient en pleurant répandre
quelques fleurs. Il fallait que pour toujours ils s'en
éloignassent.

Le père Riemann vit ce qui se passait dans
leur esprit ; il soupira, et leur dit après une longue
pause :

— Je sais tout ce que vous pourrez m'objecter
pour combattre mon dessein ; mais je ne vois pas
pour nous d'autre voie de salut ; car mendier,
mendier, mes enfants, est le sort qui nous menace,
et nous ne nous abaisserons pas à ce point ; cependant nous ne pouvons, dans toute cette contrée,
trouver à nous occuper ; il y a déjà trop de bras.

— Vous avez raison, père . dit Marguerite en
soupirant et en serrant son enfant contre son sein ;
il faut que nous partions d'ici.

— Oui, oui, partons ! s'écria toute la famille.

Tous les yeux devinrent humides, excepté ceux
de Conrad, qui brûlait du désir de quitter l'Allemagne et s'élançait avec confiance vers cet avenir
incertain.

CHAPITRE IV.

Le Départ.

Le père Riemann vendit sa chaumière ainsi que tout ce dont il pouvait se passer ; il paya toutes ses dettes, prit congé de ses voisins et de ses amis ; ce qui n'eut pas lieu sans bien des larmes, car cet excellent homme jouissait de l'estime générale , et il exhorta les siens à la résignation. Le jour de quitter à jamais la patrie était arrivé.

Quand Riemann eut mis toutes ses affaires en ordre , il lui restait encore 3oo thalers (environ

1,200 fr.), et il fallait que cette somme suffît pour que cinq personnes, non compris l'enfant de Marguerite, qui était encore à la mamelle, fissent le voyage de Hollande et payassent leur passage pour le Brésil. Le vieillard soupira en voyant si peu d'argent; mais il ne perdit pas courage et s'abandonna à la volonté de Dieu.

— Conrad, dit-il à son fils quand tout fut prêt pour le départ, comme tu es plus fort et plus agile que nous, tu vas partir devant, et tu retiendras cinq places sur un bâtiment d'Amsterdam; car je crois que c'est de là que partent les navires qui conduisent les émigrants dans l'Amérique du Sud. Quand nous arriverons, nous n'aurons qu'à nous embarquer. Tiens, voilà 10 thalers; avec cela tu pourras faire le voyage.

— Dix thalers! s'écria Conrad; la moitié me suffit; que ferais-je de tant d'argent? Dieu me préserve de dépenser cette somme!

— Prends-les toujours, répondit Riemann; nous retrouverons ce qui te restera.

Conrad ne répliqua pas; il mit l'argent dans sa poche, prit sur son dos son paquet et celui de sa sœur Marguerite, qui ne pouvait pas le porter, à cause de son enfant, et se mit gaîment en route. Le reste de la famille le suivait lentement; car, quoique sa sœur Anna et son frère Wilhelm, qui étaient âgés l'un de quinze ans et l'autre de dix-sept, pussent aller aussi vite que lui, leur père ne pouvait plus marcher assez rapidement pour le suivre, et le précieux fardeau que portait Marguerite ne lui permettait pas de précipiter sa marche.

Quand ils furent arrivés sur la colline qui domine le village, ils s'arrêtèrent et jetèrent un dernier regard sur leur chère patrie, qu'ils voyaient pour la dernière fois.

Marguerite regarda douloureusement les deux tilleuls plantés devant le presbytère; c'était là qu'elle avait vu son mari pour la première fois. Le souvenir des jours heureux qui l'avaient vue danser et se réjouir sous leur frais ombrage se retraçait à son esprit. Riemann tourna les yeux vers le lieu de repos où sa chère femme, la compagne de sa jeunesse, dormait du sommeil éternel. Anna et Wilhelm regrettaient leur petit jardin, leurs fleurs et les fruits de leur cher cerisier.

— Allons, partons, mes enfants, dit le père Riemann, en comprimant un soupir près de s'échapper de sa poitrine. Si nous restons plus longtemps
ici, nous nous attristerons davantage. Il vaut
mieux nous éloigner rapidement.

— Sort cruel! murmurait Marguerite en essuyant ses larmes.

— Qui sait ce qui nous est réservé? reprit Riemann; et j'ai bonne espérance que rien de fâcheux
ne nous menace. Allons, chantons, pour charmer
la route, un cantique de notre chère patrie.

Il entonna d'une voix tremblotante le beau cantique :

Celui qui s'abandonne à Dieu, etc.

CHAPITRE V.

___

L'Embarquement.

Après un voyage aussi long que pénible, la famille Riemann arriva enfin dans la célèbre ville d'Amsterdam, la reine des villes de commerce. Riemann, après avoir cherché un gîte pour ses enfants, se dirigea vers le port, dans l'espérance d'y rencontrer Conrad, qu'il supposait y être arrivé depuis longtemps.

Il ne s'était pas trompé, car il vit sur la plage se promener en long et en large un jeune homme

qu'il reconnut pour son fils. Il se dirigea à grands
pas vers lui.

— Eh bien ! Conrad, comment cela va-t-il ? As-tu
trouvé un navire pour nous ? Le passage est-il
cher ? lui demanda-t-il en lui pressant amicalement la main.

— Tout est terminé, répondit Conrad en retenant un soupir ; le passage coûte 200 thalers.
Vous avez vraisemblablement encore cette somme ?
Un capitaine dont le navire va mettre aussitôt à la
voile nous conduit au Brésil pour ce prix.

— Comment ! pour 200 thalers ? s'écria le vieillard avec surprise. Cette somme est beaucoup
moins considérable que je ne m'y étais attendu.
As-tu dit à ce brave homme que nous étions cinq
et un jeune enfant ?

— Il sait tout, et il ne nous demande que cette
somme. Rendons-nous aussitôt à bord ; car le navire n'attend qu'un vent favorable pour lever
l'ancre.

— Jamais je n'aurais pensé payer si peu pour le
passage. Je comptais que les 250 thalers qui me
restent me suffiraient à peine pour payer notre

voyage ; maintenant il nous reste 5o thalers. Remercions Dieu, mon fils, de ce qu'il nous a fait
rencontrer un capitaine si honnête.

Conrad soupira et détourna son visage pour que
son père n'aperçût pas les larmes qui s'échappaient
de ses yeux.

— Qu'as-tu donc, mon fils ? lui demanda Riemann, à qui l'état de trouble dans lequel il était
n'échappa point. Tu paraissais si joyeux de faire
ce voyage, et maintenant tu trembles de partir ?

— Nullement, mon père ; je sais, au contraire,
que ce voyage doit nous sauver, et je ne le vois
nullement d'un mauvais œil, répondit Conrad en
faisant un effort pour retenir ses larmes. Allons
maintenant rejoindre mes frères et revenons à
bord le plus tôt que nous pourrons, car le navire
pourrait partir sans nous, et alors il ne nous serait pas possible de trouver passage à si bas prix.

Riemann trouva ce conseil fort sage et conduisit
Conrad à l'auberge où la famille les attendait avec
impatience.

Le vieillard paya la dépense qui avait été faite ;
chacun prit son paquet et se dirigea vers le port.

Pour peu de chose une chaloupe les conduisit à bord de l'*Aurore,* sur laquelle Conrad avait retenu passage. Le navire était plein d'émigrants qui, dans la cabine ou sur le pont, attendaient le départ avec impatience.

— Ah! ah! vous voilà, dit à Conrad le capitaine du navire, homme d'un extérieur dur et repoussant. Ce sont là ceux pour qui vous avez retenu le passage? continua-t-il en montrant Riemann et ses trois enfants. Avant de faire un pas de plus, vous allez me payer ce dont nous sommes convenus. Avec des gens de votre trempe, on ne peut jamais prendre trop de précautions, et, quoiqu'aussi méfiant que le diable, cela n'empêche pas que je ne sois quelquefois dupe.

— Vous allez avoir votre argent, lui répondit Conrad; sachez que des gens de notre trempe remplissent consciencieusement leurs engagements.

— C'est ce que nous verrons, dit le capitaine avec un rire sardonique. En paroles, vous êtes toujours d'honnêtes gens; mais, quand il en faut venir aux effets, c'est alors qu'on voit combien peu il faut se fier à vous.

— Père, donnez-moi votre bourse ; je vais, si vous le permettez, payer notre passage à cet homme, dit Conrad au brave Riemann, que le mauvais accueil du capitaine avait rendu muet d'indignation.

— La voilà, mon fils, répondit Riemann en détachant de sa ceinture sa bourse de cuir ; hâte-toi de le payer.

Conrad suivit le capitaine dans la cabine, lui compta 200 thalers et signa un papier que ce dernier lui apporta en silence. Il y laissa tomber une larme brûlante.

— Vous me paraissez un garçon bien sensible, lui dit le capitaine ; cela ne s'accorde guère avec la condition à laquelle vous êtes destiné. Au diable les larmes, jeune homme ! laissez-les aux femmes et aux enfants ; et surtout, une fois à Rio (c'est ainsi que les marins appellent Rio-Janeiro), ne faites pas une mine si piteuse ; car je me débarrasserais difficilement de vous.

— Ne craignez rien, monsieur le capitaine, répondit Conrad ; ce sont les dernières larmes que je verse sur mon malheur. Je suis homme et veux me comporter comme tel. Mon père m'a appris à supporter avec résignation le mal que je ne puis éviter.

— C'est bien, très-bien ! jeune homme, lui dit le capitaine en ramassant l'argent qui était sur la table et en le serrant dans l'armoire. Encore un mot : vous avez un frère, un joli garçon, ma foi ; il est presque aussi grand que vous. Si vous lui proposiez.... vous entendez.... je veux dire en se- cret ; car le bonhomme n'y voudrait jamais con- sentir, à ce que vous m'avez dit. Si vous l'engagiez à signer un engagement semblable au vôtre ?

— Dieu m'en préserve ! Vendre aussi la liberté de mon frère ! s'écria Conrad avec l'accent de l'horreur.

— Parbleu ! je sais bien que vous ne le feriez pas pour rien, continua le capitaine sans se laisser intimider ; je vous rends 50 beaux thalers, si vous l'y déterminez.

— Pour 1,000, je ne le ferais pas ! N'y pensez plus, et contentez-vous d'avoir acheté mon sang et ma vie.

— Ce garçon me plaît, continua le capitaine en ouvrant son armoire et en en tirant une bourse. J'y ajoute 10 thalers.

— Vous connaissez ma résolution. Je n'y consen-
tirai jamais.

— Je vous donne 70 thalers.

— Non, non, pas même pour 10,000.

— Eh bien ! allez au diable ! vous êtes un fou !

Conrad quitta alors la cabine et retourna vers les
siens, qui l'attendaient avec impatience.

— Tout est-il terminé ? lui demanda son père.
Pouvons-nous rester ici ?

— Oui, oui, tout est arrangé ! lui répondit
Conrad ; on va venir tout à l'heure nous indiquer
dans l'entrepont une place pour nous et pour nos
bagages.

Au bout de quelques instants, le contre-maître
arriva et leur dit de le suivre.

CHAPITRE VI.

—

La Traversée.

La place assignée à chacun d'eux n'avait pas plus de cinq pieds de large et de sept pieds de long. C'était là qu'ils devaient se mouvoir, manger, dormir et serrer léurs bagages. L'air y était épais, brûlant et empesté ; car il y avait avec eux, dans ce navire et dans cet étroit emplacement, soixante-dix autres émigrants appartenant pour la plupart à la classe la plus abjecte de la nation. Les aliments qu'on leur donnait étaient mauvais, souvent à demi gâtés, et distribués avec une stricte économie.

Le biscuit de mer, qui constituait une partie de leur nourriture, était si plein de vers, qu'il

2.

fallait les en ôter avant d'y pouvoir porter les
dents. Leur dîner consistait en légumes secs, tels
que des pois ou des fèves, cuits avec un morceau
de lard rance dont chacun avait une petite tranche;
toute mince qu'elle était, le goût en était si détes-
table, qu'on avait peine à la manger.

Pour boisson, les pauvres émigrants n'avaient
que de l'eau qui commençait à croupir; et cependant ils se seraient estimés heureux si on leur en
avait donné en quantité suffisante; mais ces infortunés souffraient horriblement de la soif, que
provoquait encore l'usage des viandes salées.

Le père Riemann supporta patiemment toutes
ces souffrances, dans l'espérance qu'elles ne tar-
deraient pas à finir; mais quand il vit l'enfant de
Marguerite tomber malade, ses yeux se remplirent
de larmes, et il s'écria en soupirant : « Grand
Dieu, aie pitié de nous! » Mais le Seigneur les ré-
servait à une épreuve plus rude encore. Le pauvre
enfant, l'unique joie de sa mère, sa seule et sa
plus douce consolation, au départ si plein de
santé, mourut le lendemain, faute de nourriture et
d'air. La pauvre Marguerite vit avec un serrement

de cœur inexprimable attacher à une planche le cadavre de son pauvre enfant et le jeter dans l'abîme, où il devait servir de pâture aux poissons.

Que de larmes répandit cette pauvre mère! Combien d'angoisses n'éprouva pas le sensible Riemann! Quel douloureux silence régnait parmi cette vertueuse famille!

Le père Riemann rompit enfin le silence et s'écria : « Grand Dieu, que ta volonté soit faite! » Chacun répéta cette exclamation consolante, offrande faite au Seigneur des peines qui les accablaient.

Le voyage ne fut pas sans dangers; car, comme ils approchaient des côtes du Brésil, il s'éleva une tempête furieuse; le navire était horriblement ballotté par les flots, et le roulis épouvantable. La situation des émigrants était d'autant plus terrible que le capitaine les fit rentrer dans l'entrepont et les y enferma, parce qu'il craignait que ces infortunés, qui, dans leur frayeur, s'étaient réfugiés sur le pont, ne le troublassent dans le commandement de la manœuvre. La brutalité de cet homme était d'autant plus exécrable que, dans de semblables occasions, un capitaine ne doit jamais perdre son sang-froid.

On peut difficilement se faire une idée de la position de ces pauvres gens enfermés dans cet étroit espace. Le roulis du navire les jetait de côté et d'autre, sans que nulle part ils pussent trouver un point d'appui. Les caisses, les tables, les ballots, les meubles, tout tomba pêle-mêle au milieu des malheureux étendus sur le plancher, et blessa dangereusement plusieurs d'entre eux. Leurs souffrances étaient d'autant plus grandes que la plupart étaient atteints du mal de mer, dont on ne peut apprécier la violence qu'après l'avoir ressentie.

— Dans un moment de calme, Marguerite dit à son père :

Le Seigneur a eu raison d'appeler à lui mon pauvre Antoine avant cette horrible tourmente ; car, s'il avait encore vécu, il aurait succombé à une mort cent fois plus douloureuse. Comment aurais-je pu empêcher que cette innocente créature ne fût brisée contre les planches de ce navire ébranlé? Tout ce que Dieu a fait est bien fait; béni soit à jamais son nom !

CHAPITRE VII.

L'Arrivée. — Conrad est vendu.

Nos voyageurs, épargnés par la tempête, abordèrent heureusement sur les côtes du Brésil. Rio-Janeiro était devant eux. Ils virent une grande ville, dont la construction est régulière, mais les rues fort étroites, et qui renferme une foule d'églises et de maisons magnifiques. Partout où se portaient leurs regards, ils voyaient de malheureux esclaves noirs courbés sous le poids d'énormes fardeaux : ce spectacle était bien triste pour des gens accoutumés à vivre au milieu d'hommes libres.

— Voilà le palais du Gouvernement, dit le capitaine du navire aux émigrants, en leur montrant un édifice magnifique, voisin du port. C'est là que vous apprendrez dans quelle partie du pays il vous sera permis de vous établir. Quant à celui-ci, dit-il en désignant Conrad, qui était immobile sur la grève et n'osait lever les yeux, il m'appartient ; je le vendrai aussi bien que je le pourrai.

— Vendre mon fils ! s'écria le père Riemann en se mettant entre Conrad et le capitaine ; je m'y opposerai tant qu'une goutte de sang coulera dans mes veines. Il y a aussi de la justice dans ce pays, et l'on ne souffrira pas que des hommes libres y soient vendus.

— C'est justement parce qu'il y a des lois ici, répondit le capitaine avec un sourire ironique, que je le vendrai. Tenez, reconnaissez-vous sa signature ? Voilà l'acte par lequel il m'a reconnu propriétaire de sa personne.

En disant ces mots, il tira de sa poche le contrat signé par Conrad et le fit lire au vieillard, sans pourtant le lui laisser entre les mains.

— Croyez-vous donc, continua-t-il sur le même ton, qne j'aurais amené cinq personnes au Brésil pour 200 thalers? Le moins que je pusse vous prendre était 400 thalers; c'est pour compléter cette somme que votre fils m'a donné le pouvoir de le vendre comme esclave, et je ferai valoir un droit qui m'est justement acquis.

— Tu n'es qu'un vil marchand d'hommes! s'écria le père Riemann, en proie à la plus violente colère. Et toi, Conrad, dit-il à son fils en tournant vers lui ses yeux pleins de larmes, pourquoi as-tu fai une action si condamnable? Tu n'as donc pas songé à la douleur que tu nous causerais?

— Pouvais-je faire autrement? lui répondit son fils en se jetant dans ses bras. Notre chaumière était vendue; ce voyage était notre dernière espérance; l'argent qui nous restait ne suffisait pas pour payer la traversée; il nous aurait fallu sacrifier à notre retour le peu d'argent que nous avions et rentrer en mendiant dans notre patrie. Il ne s'offrait à nous qu'une voie de salut : cet homme me proposa de nous transporter tous au Brésil si je voulais faire le sacrifice de ma liberté ; pouvais-je balancer un instant?

— Mon pauvre enfant! mon brave Conrad! que de grandeur d'âme! que de dévouement! s'écria son père.

— Mon pauvre frère, tu t'es sacrifié pour nous! lui dirent son frère et ses sœurs en le baignant de leurs larmes.

— Quand aurez-vous fini vos jérémiades? s'écria brusquement le capitaine ; j'en ai déjà assez. Ce garçon vient avec moi, il m'appartient; quant à vous, allez où vous voudrez. Allons, l'ami, suis-moi au marché ; car je suis pressé de rentrer dans mon argent.

— Encore un mot, un seul mot, capitaine, dit le père Riemann en se mettant entre Conrad et lui. Tenez, voilà 5o thalers; prenez-les et emmenez-moi. Je puis encore travailler ; je suis plus fort que vous ne le pensez. Montrez-vous humain et compatissant; rendez à mon infortunée famille un frère qui peut être son appui dans ces contrées inconnues.

— Chansons que tout cela! Me prenez-vous
pour un imbécile? lui répondit le capitaine. J'i-
rais troquer un jeune homme plein de force contre
un vieux bonhomme comme vous, qui n'a plus
que quelques jours à vivre! Je puis en tirer un
excellent parti et le vendre une somme qui me
dédommagera des avances que je vous ai faites;
mais vous, personne ne vous achèterait, et j'en
serais pour mon argent.

— Capitaine, répliqua le père Riemann, si vous
êtes chrétien, si vous croyez à une récompense à
venir, ne soyez pas assez cruel pour priver une
famille entière de son unique soutien.

— Il y a longtemps que je suis accoutumé à ce
verbiage, chacun de ceux que j'amène ici m'en dit
autant, et si je ne tenais pas ferme pour résister
à leurs belles paroles, je n'aurais pas le sou et je
serais un mendiant comme vous.

— Mon père, dit Conrad d'un ton résolu et en
essuyant ses larmes, vos prières sont inutiles;
cessez de supplier plus longtemps cet homme; le
marché est conclu, il peut faire valoir ses droits
sur moi. La pensée que vous êtes heureux et à l'a-

bri du pressant besoin adoucira les peines de l'esclavage, je serai moins à plaindre.

— Non, non! s'écria toute la famille, nous ne pourrons goûter aucun instant de repos tant que nous te saurons esclave.

— Je ne puis pourtant me soustraire à mon sort, dit Conrad en détournant le visage pour cacher ses larmes; prenez courage et ayez confiance dans le Seigneur.

— Allons, marche, dit le capitaine en poussant Conrad devant lui; tous ces pleurs m'ennuient.

— Adieu, mon père! adieu, mes chers frères! s'écria Conrad en pressant le pas pour s'éloigner d'eux. Bientôt il disparut aux regards de sa famille, que cet horrible événement semblait avoir pétrifiée.

— Il faut néanmoins que nous sachions ce qu'il va devenir, dit Ricmann, revenu le premier de sa stupeur. Allons, mes enfants, suivons-le au marché; j'ai vu le chemin qu'il a pris.

CHAPITRE VIII.

Le Marché aux Esclaves.

Ils arrivèrent sur le marché aux esclaves presqu'en même temps que Conrad et le capitaine. Ce dernier mit sa victime au nombre des autres esclaves, qui étaient pour la plupart des hommes de couleur. Toute la famille s'approcha le plus près qu'elle put. Il est facile de se figurer quelles sensations douloureuses venaient l'assaillir.

— Où est le contrat qui constate que cet homme

est votre esclave? demanda au capitaine un homme qui paraissait être l'inspecteur du marché.

— Voilà l'engagement signé par lui, répondit le capitaine; il s'est vendu à moi pour payer les frais de passage de sa famille.

— Reconnaissez-vous votre signature? demanda l'inspecteur à Conrad.

— Oui, Monsieur, répondit Conrad avec fermeté; je suis la propriété de cet homme.

— Dans ce cas, mettez-vous dans le rang; je ne puis vous être d'aucun secours, répondit l'inspecteur.

Conrad obéit.

Je vous épargnerai, mes enfants, le récit des scènes qui se passèrent sur ce marché. Les hommes traitaient leurs semblables comme des bêtes brutes; ils les palpaient, les examinaient, les vendaient, les achetaient sans aucun scrupule. Conrad, qui était d'un extérieur agréable, fut vendu 500 piastres (plus de 600 écus) à l'inspecteur du jardin impérial, qui était fort riche. Celui-ci l'emmena sans lui permettre de dire un dernier adieu à sa famille éplorée. Le pauvre garçon jeta sur eux un regard où se peignaient les angoisses qui déchiraient son âme. Le père Riemann et ses enfants étaient anéantis.

— A quelle rude épreuve vous me soumettez, ô mon Dieu! s'écria le vieillard en poussant un soupir. Devais-je vivre assez pour être témoin d'un malheur semblable!

Aucun de ses enfants ne pouvait parler; les sanglots étouffaient la parole au passage.

— Mes enfants, dit Riemann au bout de quelques instants, rendons-nous au palais du Gouvernement. Le sacrifice de ce brave Conrad ne sera pas sans fruit pour nous; car notre misère l'affligerait plus que l'esclavage. Je connais son cœur; vous le connaissez aussi. Peut-être le Seigneur nous montre-t-il le chemin qui doit faire notre salut. Ne désespérons pas de sa bonté paternelle; il éprouve les hommes; mais jamais il ne permet qu'ils succombent quand ils ne se sont pas rendus indignes de ses bienfaits.

Ils partirent le cœur gros de soupirs et les yeux rouges de larmes.

CHAPITRE IX.

—

Le bon Matelot.

Arrivés au palais du Gouvernement, ils atten-
dirent longtemps ; car les autres émigrants les
avaient précédés, et l'on inscrivait leur nom sur
une liste, à mesure qu'ils se présentaient. Le bon
Riemann était le dernier.

La fortune distribuait aveuglément ses dons ;
car le secrétaire du gouverneur, après avoir lu un
nom, tirait d'une urne un billet sur lequel était
écrit le nom du district dont une portion était as-

signée à l'émigrant. Le nom de ce dernier et celui du district étaient inscrits sur un registre par
un autre secrétaire, puis il était congédié avec
l'invitation de revenir au bout de huit jours pour
recevoir l'acte qui le rendait propriétaire du terrain qui lui était dévolu en partage. Tout cela se
passait avec un ordre des plus sévères. On n'ajou-
tait à la donation aucun mot amical ou superflu;
car les affaires étaient trop nombreuses pour
qu'elles pussent être expédiées en un seul jour.

Le nom de Riemann fut enfin prononcé. Le
gouverneur mit la main dans l'urne et en tira un
billet qu'il lut en portugais et qu'un secrétaire allemand traduisit, ainsi qu'il le faisait chaque
fois :

« Riemann, cultivateur wurtembergeois, avec
trois enfants, dans le district des Diamants, sur
les bords du Gigitonhonha. »

Quand ce dernier bulletin eut été lu et inscrit au
procès-verbal, le gouverneur s'éloigna.

— Mon cher monsieur, dit Riemann au secrétaire allemand, dont l'air lui inspirait de la con-

fiance, dites-moi, je vous prie, si le sort m'a favorisé.

— Oui, mon ami, lui répondit le secrétaire avec affabilité, le sort vous a été on ne peut plus favorable ; si vous travaillez assidûment, vous vivrez sans peine ; mais gardez-vous surtout d'acheter des diamants aux nègres qui travaillent dans la Mandanga (1) ; car il vous en coûterait la vie.

— Dieu me garde de dérober la moindre chose à un prince qui me recueille dans ses États, répondit le père Riemann. Je ne jouirai que de ce que j'aurai tiré du sein de la terre à force de sueurs et de travail. Je vous en supplie, Monsieur, donnez-moi quelques renseignements sur la contrée que nous devons aller habiter.

— Je suis si fatigué, lui répondit le secrétaire, que j'ai à peine la force de me tenir, et je ne puis causer plus longtemps avec vous. Tout ce que je puis vous dire, c'est que, si vous avez de l'argent, il faut vous procurer les instruments nécessaires à

---

(1) La plus grande mine de diamants du Brésil, où travaillent plus de mille esclaves noirs.

la culture et à la construction d'une maison; sans
quoi vous aurez bien de la peine à vous tirer d'affaires; car on ne vous donnera que le sol nu. Les
promesses faites aux émigrants de venir à leur secours ne sont jamais accomplies, et un grand
nombre de ces malheureux, venus ici sans argent, sont morts de misère; on les relègue dans
des solitudes où ils ne peuvent avoir d'assistance
de personne. Que ce que je viens de vous dire vous
serve de règle de conduite.

— Grand merci, mon cher monsieur, lui répondit Riemann; je ne me suis pas trompé sur
votre compte en croyant trouver en vous un homme
compatissant.

En disant ces mots, Riemann tendit la main
au secrétaire, qui la lui serra amicalement, et s'é-
loigna.

Il fallait songer à trouver un asile pour les huit
jours qu'ils devaient encore passer à Rio-Janeiro;
ce qui était fort difficile pour des gens auxquels la
langue du pays était inconnue.

Ils errèrent longtemps à l'aventure dans les
rues de la ville, qui étaient désertes, parce que

midi était arrivé et que chacun se livrait au sommeil. La soif et la faim les tourmentaient, et ils étaient accablés de chaleur. Ils croyaient toucher à leur dernière heure, lorsque le hasard permit qu'ils rencontrassent un matelot du navire sur lequel ils avaient fait la traversée. Cet homme, qui, à terre, était tout autre qu'à bord, leur offrit de les conduire dans une auberge où ils vivraient à bon compte, s'ils se contentaient de satisfaire les premiers besoins de la vie.

— Vous auriez pu, leur dit le matelot, tomber entre les mains de gens qui vous auraient non-seulement dépouillés du peu que vous possédez, mais encore vous auraient contraints de laisser conduire un de vos enfants sur le marché aux esclaves; car, dans ce pays, l'amour de l'argent est excessif, et l'on n'est nullement délicat sur les moyens de satisfaire cette passion.

Le père Riemann rendit grâces à Dieu de lui avoir fait rencontrer ce brave homme, qui était justement arrivé pour les préserver d'un malheur. Il pensait aussi à son pauvre Conrad, qui s'était si généreusement sacrifié pour eux et avait vendu sa liberté afin de leur assurer une existence indépendante.

Ils suivirent le bon matelot, qui les conduisit dans une misérable auberge voisine du port; ils y trouvèrent enfin des rafraîchissements et un abri contre la chaleur brûlante du soleil.

— Demain, dit Riemann, quand nous nous serons reposés, j'irai m'informer du sort de Conrad. Aujourd'hui, il me serait impossible de faire la moindre démarche, car je suis malade à la mort. Que sera devenu ce pauvre garçon? Pourvu qu'il ne soit pas tombé dans les mains d'un maître qui l'accable de travail! Que Dieu ait pitié de lui; car, s'il fallait qu'il lui arrivât quelque malheur, j'en mourrais.

— Mon père, nous vous accompagnerons, s'écrièrent tous les enfants. Avant de quitter la ville, nous voulons voir encore une fois notre pauvre Conrad.

— Dieu veuille que cette dernière consolation nous soit permise! répondit le vieillard en soupirant; puis il ajouta: — Que la volonté du Seigneur s'accomplisse!

CHAPITRE X.

—

La Tentative inutile. — Départ pour Glettonhonha.

Le lendemain au matin, le matelot, qui conti-
nuait d'avoir pour eux toutes sortes de préve-
nances, se présenta pour les conduire au jardin
de l'empereur ; car il connaissait Rio-Janeiro aussi
bien que sa ville natale, et parlait le portugais
assez facilement pour être compris des Brésiliens.

Après une longue marche, rendue plus fati-
gante par la chaleur, qui augmentait à chaque
instant, ils arrivèrent au jardin impérial. Le ma-

telot demanda à un gardien, qu'il trouva à la porte, la permission d'y entrer avec ses compagnons.

— Pourquoi voulez-vous entrer dans le jardin de l'empereur? avez-vous une carte d'admission? demanda le gardien en continuant de fumer son cigare. Des gens de votre condition n'entrent jamais dans ce jardin sans être munis d'une permission, continua-t-il en jetant un regard de mépris sur la pauvre famille.

— Nous n'avons pas de carte d'entrée, lui répondit le matelot avec emportement; mais, malgré cela, nous ne méritons pas qu'on nous traite avec mépris. Les personnes qui m'accompagnent ont un de leurs parents dans ce jardin. Hier, il a été acheté sur le marché aux esclaves par l'intendant, et elles viennent pour prendre congé de lui.

— Elles auraient dû le faire hier, avant qu'il ne fût vendu, répondit le Portugais; maintenant il appartient à mon maître, et il ne souffre pas que personne parle à ses esclaves; cela les dérange dans leur travail. Ainsi donc, si vous n'êtes pas munis d'une carte d'entrée, vous pouvez vous retirer; car vous ne mettrez pas les pieds dans ce jardin.

En disant ces mots il tira une grille de fer richement dorée, en ferma les verrous et plusieurs serrures dont il portait les clefs à sa ceinture, et s'éloigna en fumant.

— Que le diable emporte cet homme ! s'écria le matelot en voyant le gardien s'éloigner ; il ne veut pas nous laisser entrer, et je doute fort que de pauvres gens comme nous puissent obtenir une permission ; mais ne vous chagrinez pas, leur dit-il d'un ton consolateur, je ferai tout ce que je pourrai pour m'en procurer une ; car il serait désespérant que vous dussiez aller vous ensevelir dans votre solitude avant d'avoir pris congé de ce brave Conrad.

Ce bon matelot se donna toutes les peines imaginables pour se procurer une permission ; mais ses tentatives furent vaines ; car il ne put rien obtenir.

La pauvre famille Riemann se vit donc privée de la consolation d'embrasser encore une fois

avant de partir leur cher Conrad, de le remercier
du sacrifice qu'il avait fait pour eux et de lui pro-
mettre de faire tous leurs efforts pour rompre ses
chaînes.

Les huit jours fixés par le gouverneur pour le
séjour des émigrants à Rio-Janeiro étaient écoulés; le père Riemann se rendit au palais du Gouvernement pour y recevoir son titre de concession.

Le secrétaire allemand le lui remit et lui sou-
haita beaucoup de bonheur dans sa nouvelle carrière; puis il lui répéta l'avertissement de ne jamais se laisser entraîner à acheter des diamants
des esclaves de la Mandanga ou de leurs recéleurs;
car le supplice le plus horrible était réservé au vo-
leur, ainsi qu'au recéleur et à l'acheteur.

— Monsieur, lui répondit Riemann, cette recommandation est inutile; il est vrai que je ne
puis rien désirer plus vivement que la possession
de richesses qui me mettent à même de délivrer un
de mes fils qui languit dans l'esclavage, et ce n'est
qu'avec de l'or que je puis le racheter; mais j'ai
toujours Dieu présent à l'esprit, et je n'achèterais

pas la liberté de mon enfant au prix d'une action coupable.

Le secrétaire le loua de cette résolution, et ils se quittèrent.

Arrivé à son auberge, Riemann paya à l'hôtesse la dépense qu'ils avaient faite. Quoiqu'ils se fussent bornés au plus strict nécessaire, et que souvent même ils ne satisfissent pas complètement leur faim, elle lui demanda 25 écus, en lui jurant que jamais personne n'avait été traité plus favorablement qu'eux, mais qu'elle avait eu égard à la recommandation qui lui avait été faite par son ami le matelot.

Il ne restait plus au père Riemann que 25 écus. Il en employa une partie à acheter les instruments aratoires et les outils qui lui étaient indispensablement nécessaires, et l'autre partie servit à acheter quelques provisions de bouche et quelques semences, telles que du riz et du maïs, qui croît très-bien dans ce pays, et des patates pour planter. Le gouvernement leur avait accordé un chariot qui devait les conduire au lieu de leur nouveau séjour. Ils partirent en pleurant de cette ville, qui renfermait ce qu'ils avaient de plus cher ; l'infortuné Conrad.

A l'instant où ils allaient monter dans le chariot, qui était attelé de quatre vigoureux mulets, ils virent accourir le matelot, leur unique ami ; il portait sur son dos un sac si pesant, qu'il ployait sous le faix.

— Mes amis, leur dit-il en jetant le sac dans la voiture et en essuyant la sueur qui lui ruisselait du front, emportez ces choses avec vous comme un souvenir de moi ; elles pourront vous être utiles. Que Dieu soit avec vous ; vous êtes de braves gens, et il y aura encore d'heureux jours pour vous.

Il leur tendit une dernière fois la main et s'éloigna avec précipitation, avant qu'ils eussent pu le remercier ; car ce brave homme, sous des dehors grossiers, cachait un cœur plein de délicatesse, et l'expression de leur gratitude l'aurait humilié.

— Que Dieu te comble de ses biens ! s'écria le père en le suivant des yeux.

Le chariot se mit rapidement en marche.

CHAPITRE XI.

L'heureuse Découverte. — L'Arrivée.

— Nous sommes arrivés , dit à nos voyageurs le conducteur du chariot en s'arrêtant sur la place d'une petite ville. Montrez vos papiers au gouverneur , qui demeure dans cette belle maison en face de vous, et il vous fera conduire dans le terrain qui vous a été donné.

Il descendit et dit aux voyageurs d'en faire autant ; il déchargea leurs bagages au milieu de la place, remonta dans sa voiture et s'éloigna. Nos pauvres émigrants, seuls au milieu d'un pays dont ils ne connaissaient pas la langue, se virent entourés d'une foule considérable de curieux, qui les regardaient d'un air ironique et plaisantaient entre eux sur leur embarras.

Ils ne savaient que faire.

— Enfants, leur dit le père Riemann, restez près de nos bagages et ne les quittez pas ; je vais aller montrer nos papiers au gouverneur, qui nous fera sans doute donner un asile, ou nous fera conduire à notre nouveau séjour ; car il ne nous reste pas d'argent. Ne perdons pas courage : Dieu veille sur nous.

Le vieillard entra dans le palais du gouverneur et fut aussitôt entouré d'une foule d'esclaves noirs, arrachés à leur patrie et condamnés aux travaux les plus rudes ; mais comme aucun d'eux ne parlait allemand, et qu'il ne pouvait venir à bout de s'en faire comprendre, il était dans un embarras plus grand qu'auparavant, lorsque tout à coup il vit s'ouvrir la porte d'un cabinet qui donnait sur la salle d'entrée ; il en sortit un homme grand et maigre, dont le visage était brûlé du soleil et d'une expression sombre et repoussante.

Il porta aussitôt les regards sur Riemann, qui, excepté le gouverneur, était le seul blanc qui se trouvât au milieu des domestiques, et tendit la main sans proférer une seule parole. Riemann, après s'être profondément incliné, lui remit le papier qui lui avait été délivré à Rio-Janeiro. Le gouverneur le parcourut, fit alors signe de la main à un esclave et rentra dans son cabinet sans avoir ouvert la bouche. Le pauvre Riemann ne savait que penser de cette scène et se rappelait avec inquiétude que ses pauvres enfants étaient restés au milieu de la place, exposés aux rayons brûlants du soleil.

Plusieurs heures s'écoulèrent sans que personne parût s'occuper de lui; enfin, il vit revenir le nègre, qui lui fit signe de le suivre. Riemann ne se le fit pas répéter, il se hâta de gagner la place et trouva ses enfants succombant à la chaleur et au besoin. Tous se plaignirent d'une soif brûlante; mais il ne savait où trouver les moyens de les satisfaire. Il ne voyait de fontaine nulle part, et il

n'avait pas d'argent pour acheter le moindre ra-
fraîchissement. Il avait déjà appris à ses dépens
que, dans ce pays, les avides habitants ne donnaient rien par charité.

Le nègre leur fit signe de se hâter de le suivre ;
mais leur état d'épuisement était tel, que leurs
jambes refusaient de les soutenir. Le père Riemann
se rappela tout à coup le sac qui leur avait été
donné par le bon matelot. Il y chercha pour voir
s'il n'y trouverait rien pour apaiser leur soif et
réparer leurs forces.

Il ne s'était pas trompé ; car le sac contenait du
riz, du café, du thé, du sucre, un petit paquet
cacheté contenant quelques piastres (environ 5 fr.),
et un mouchoir de couleur semblable à ceux que
portent les matelots, qui était rempli d'oranges.

— Voyez-vous, mes enfants, dit le père Riemann
à sa famille, Dieu est venu à notre secours. Ne perdons pas confiance en lui ; car jamais il ne nous
oublie.

Le pauvre noir eut sa part dans la distribution
des oranges ; ce qui le rendit plus prévenant envers
nos pauvres voyageurs.

Quand ils furent désaltérés, ils ne désirèrent
rien tant que d'arriver au terme de leur voyage ;
mais il fallait se procurer une voiture pour transporter tous les bagages, et ils pouvaient maintenant en faire les frais ; l'embarras était de se faire
comprendre. Vous voyez, mes petits amis, combien il est utile d'apprendre les langues étrangères,
car il arrive des circonstances où nous ne pouvons
même pas nous procurer les choses les plus nécessaires à la vie, quand nous nous trouvons dans un
pays dont la langue nous est inconnue. On ne pouvait pas attendre du père Riemann, qui n'était
qu'un simple laboureur, qu'il eût acquis ces connaissances précieuses ; mais vous, qui, par les
soins que vos parents prennent de votre éducation,
êtes à même de les acquérir, ne négligez pas, dans
les belles années de votre jeunesse, de vous livrer
à l'étude avec application, et surtout d'apprendre
les langues étrangères, qui tôt ou tard vous seront
utiles.

Si ma mémoire est fidèle, c'est l'empereur
Charles-Quint qui avait coutume de dire d'un
homme qui parlait quatre langues, qu'il était

homme quatre fois ; et en effet il avait raison.

Mais revenons à nos émigrants, qui étaient fort embarrassés de faire comprendre leur désir. Leur embarras était au comble, lorsqu'il vint à passer devant eux une petite charrette attelée de deux mulets. Elle était vide ; le père Riemann courut après, et, par ses cris et ses signes, obligea le conducteur à s'arrêter ; ce que celui-ci fit. Il commença par lui montrer de l'argent, puis les effets qui étaient sur la place, et fit signe de la main pour indiquer qu'il voulait sortir de la ville.

Le conducteur ne le comprenait pas toujours et le regardait d'un air hébété ; mais le nègre, accoutumé au langage des signes avant qu'il entendît le portugais, comprit l'idée de Riemann et lui servit d'interprète. Ils convinrent du prix ; le charretier leur fit signe de charger leurs bagages sur sa charrette, et bientôt, au contentement de toute la famille, ils se mirent en route. Comme la charrette était trop petite pour que nos voyageurs pussent y prendre place, ils furent obligés de la suivre à pied ; ce qui augmenta leur fatigue ; car

le muletier lança ses mules au trot, sans s'occuper
s'ils le pouvaient suivre.

Cette marche fut bien pénible; mais ils ne firent
nulle attention à leur lassitude; car ils touchaient
au terme de leur voyage. Ils arrivèrent enfin au
but si vivement désiré. La voiture s'arrêta sur les
bords d'un fleuve dont les eaux sont aussi claires
que le cristal; c'était le Gigitonhonha, sur les rives
duquel ils devaient s'établir.

Le nègre les aida à décharger leurs bagages, et
le voiturier, après avoir reçu son argent, leur tendit
amicalement la main et partit.

CHAPITRE XII.

Une Nuit au milieu des Déserts.

Le crépuscule approchait quand nos pauvres émigrants se trouvèrent seuls. Le pays dans lequel ils se trouvaient offrait un aspect ravissant ; mais ce n'était qu'une vaste solitude. On ne voyait nulle part de traces d'hommes, tout était morne et silencieux. Quelques oiseaux au plumage brillant, cachés dans l'épaisseur du feuillage d'arbres élevés, faisaient retentir l'air de leurs derniers chants, et l'on voyait çà et là des quadrupèdes inconnus paraître au-dessus de l'herbe élevée, et, effrayés à la vue des étrangers, regagner rapidement leur gîte.

— Enfin, mes enfants, dit le père Riemann, nous voilà arrivés. Dieu, jusqu'à présent, a guidé nos pas ; que son saint nom soit béni !

— Que son saint nom soit béni ! répétèrent les enfants.

— Mon père, dit Marguerite, où allons-nous passer la nuit ? Je n'aperçois ici aucune habitation.

— Nous la passerons comme nous pourrons, répondit son père. L'air est chaud et agréable ; demain nous commencerons à construire une cabane pour nous mettre à l'abri des attaques des bêtes sauvages et nous préserver de l'air glacé de la nuit. Il se passera beaucoup de temps avant que nous ayons une chaumière aussi bien construite que la nôtre.

— Si Conrad était ici, dit Marguerite en soupirant, il nous aurait bientôt tirés d'affaire ; car je ne connais personne de plus adroit et de plus inventif que lui.

— Oui, oui, mon enfant, Conrad est non-seulement le meilleur fils et le meilleur frère, mais

encore un homme plein d'adresse et de ressources, répondit le père Riemann en retenant
une larme près de lui échapper, pour ne pas augmenter l'affliction de ses enfants.

Il continua, après une pause pendant laquelle chacun avait les regards tristement inclinés vers la terre :

— Ne nous abandonnons pas au découragement ;
Dieu nous donnera les forces nécessaires pour sortir
de l'état de misère dans lequel nous nous trouvons.
Notre premier soin doit être de nous défendre
contre l'air froid de la nuit, pour ne pas nuire à
notre santé, le seul bien qui nous reste sur cette
terre, après une conscience pure.

En disant ces mots, il jeta les yeux autour de
lui pour s'assurer s'il ne découvrirait pas une ca-
verne dans un des rochers qui bordent la rivière,
ou quelque arbre creux ; mais, aussi loin que ses
regards purent porter, il ne découvrit rien de
semblable.

— Wilhelm, dit-il à son jeune fils après quelques
instants de réflexion, tu grimpes habilement aux
arbres, prends cette hache, monte sur cet arbre et
abats-en une grande quantité de branches. Nous en

construirons une hutte dans laquelle nous mettrons
assez d'herbes sèches pour y pouvoir dormir sans
être incommodés de la fraîcheur du sol. Quant à
vous, Marguerite et Anna, dit-il à ses filles, ra-
massez dans le voisinage de l'herbe et des feuilles
sèches ; pour moi, je vais pendant ce temps défon-
cer la terre avec ma bêche, afin d'y pouvoir planter les branches que Wilhelm abattra.

Malgré la lassitude dont ils étaient acrablés, ils
se hâtèrent d'exécuter les ordres de leur père. La
nuit approchait, et il leur importait beaucoup d'a-
voir terminé leur travail avant que l'obscurité les
surprît. Wilhelm avait beaucoup de peine à cou-
per les branches de l'arbre sur lequel il était mon-
té ; car le bois en était extrêmement dur et semblait émousser la hâche. Il ne fallait pas s'en
étonner, comme eux-mêmes le virent plus tard ;
car l'arbre dont Wilhelm abattait les branches était
un acajou, dont le bois, importé en Europe, est
débité en lames très-minces et sert à la fabrication
des plus précieux ouvrages d'ébénisterie, appelés
ouvrages en plaqué.

Quand Wilhelm, dont le front était baigné de

sueur, eut terminé son travail, il descendit pour
aider à son père à construire la cabane de ver-
dure, tandis que Marguerite et Anna apportaient
de l'herbe sèche et l'étendaient dans la hutte qui
commençait à s'élever.

Lorsque ce travail fut achevé, les forces des
pauvres voyageurs étaient si épuisées, qu'ils ou-
blièrent le besoin pour se livrer au sommeil. Ils
s'étendirent sur l'herbe, et en peu d'instants chacun
d'eux dormit profondément.

Le vieux père seul n'avait pas voulu imiter
l'exemple de ses enfants ; comme il savait que ces
déserts sont peuplés d'animaux sauvages, il voulait
veiller au salut des siens et les protéger contre toute
attaque imprévue.

C'est là l'image du véritable père de famille.
Pendant que les siens goûtent le repos, il veille, et
tous ses soins tendent à protéger leur sommeil.

Il se souvint d'avoir entendu dire que le feu
éloigne les bêtes sauvages. Il se leva alors aussi
doucement qu'il put, afin de n'éveiller personne,
ramassa, à la clarté de la lune, des branches mortes
et les mit en tas ; après avoir placé dessous quel-

que peu d'herbes sèches, il battit le briquet et mit
le feu au bois. Bientôt il vit briller la flamme, dont
la chaleur bienfaisante réchauffa ses membres en-
gourdis; car, dans ce pays, les nuits sont aussi gla-
cées que les journées sont brûlantes, et, sur le
bord des fleuves, l'air est d'une vivacité extrême.

Ce bon père passa la nuit à ramasser du bois,
dont il ne manquait pas dans ces contrées inhabi-
tées, afin d'entretenir le feu; il s'assit à l'entrée
de la hutte et veilla jusqu'au jour. A ses pieds ron-
flait Fuchs, le fidèle ami des voyageurs; il les avait
suivis au Brésil et leur donnait des marques con-
stantes de son attachement. De temps à autre, il le-
vait la tête, remuait la queue et léchait les mains
de son vieux maître, comme s'il eût voulu dire :
Je veux veiller avec toi.

— Que Dieu leur accorde un sommeil répara-
teur, et demain leur donne un doux réveil ! disait
le bon vieillard en joignant les mains et en levant
les yeux vers le ciel, parsemé d'étoiles scintillantes.
Puisse aussi notre généreux Conrad, qui s'est si
noblement dévoué pour nous, goûter un sommeil
paisible, qui lui fasse oublier les fatigues du jour !

CHAPITRE XIII.

Conrad. — Le bon Noir.

Il est temps de revenir à Conrad, qui n'a pas reculé devant les horreurs de l'esclavage, la plus dure des conditions, pour procurer à sa famille un bonheur qui'leur avait été refusé dans ces der-nières années.

Aussitôt que l'inspecteur des jardins impériaux eut acheté Conrad, il l'emmena du marché et lui fit signe de le suivre. Il ne pouvait employer avec lui d'autre langage, puisqu'ils ne connaissaient pas la langue l'un de l'autre. Conrad le suivit en silence et dans le plus profond abattement.

Ce fut pour la première fois que ce noble jeune homme sentit toute l'étendue de son infortune. Il ne pouvait plus aller où il voulait, faire ce qui lui plaisait; il fallait qu'il se soumît aveuglément aux volontés d'un maître. Son temps tout entier appartenait à celui qui l'avait acheté; les fruits qu'il faisait croître ne devaient être récoltés ni par lui, ni par les siens; sa vie même était le jouet du caprice d'un de ses semblables.

O mes enfants ! remerciez Dieu d'être nés dans un pays où les droits de l'homme sont respectés, où il jouit de sa liberté, où les lois ne souffrent pas qu'on lui ravisse ce bien précieux, et que le frère (car nous sommes tous frères) vende son frère sur un marché comme une chose vénale. De quel bonheur ne jouit pas celui qui est maître de ses actions, qui récolte ce qu'il a semé et ne connaît d'autre frein que les lois qui garantissent son repos et effraient le malfaiteur qui ne songe qu'à nuire !

Conrad, le brave Conrad, était privé de ce bien

précieux ; mais ses fers lui semblaient plus légers quand il pensait à la cause de son esclavage : les êtres chéris dont le bonheur l'avait sans cesse occupé étaient désormais à l'abri du besoin, sous un climat d'une douceur extrême, produisant presque sans peine les choses nécessaires à la vie. Ces réflexions rassuraient son âme et lui rendaient la servitude moins odieuse.

Quand il fut arrivé dans les jardins impériaux, plusieurs nègres accoururent à la voix de leur maître, qui leur dit en portugais quelques mots d'un ton dur et impérieux, et laissa Conrad avec eux.

— Toi être un Allemand? lui dit un noir en mauvais allemand; toi venir avec moi, petit blanc; moi te montrer ta case et te donner un autre vêtement; il est trop chaud, ton vêtement de laine. Viens, viens.

Conrad fut très-satisfait d'avoir trouvé quelqu'un avec qui il pût s'entretenir, quelque incorrect que fût le langage du pauvre noir. Il le suivit dans sa case. C'était une baraque en planches, sans porte, où il ne put entrer qu'en se baissant.

4

Il n'y avait, dans cette case, ni chaise, ni table, ni banc, ni meubles; les murs en étaient nus; encore était-elle fort étroite; car elle n'avait pas plus de huit pieds carrés. Dans un coin étaient jetées sur le sol quelques nattes de paille de riz. Mandango (c'est ainsi que s'appelait le nègre) lui dit que c'était là son lit, quoique ce mauvais coucher ne méritât pas ce nom.

Conrad soupira en voyant cette demeure de l'infortune. Il mit dans un coin le petit paquet qu'il apportait, s'assit sur sa natte et s'abandonna aux plus tristes pensées.

— Toi bien triste, pauvre blanc! lui dit Mandango en le regardant avec intérêt. Mandango triste aussi quand li venir de son pays; Mandango souvent bien triste quand li penser à son vieux père en Afrique. Toi pas faire voir que toi être triste: le maître prendre un grand fouet et battre toi bien fort. Mandango souvent être battu avec le fouet, et Mandango avoir rien fait. Le maître méchant; pauvre noir beaucoup travailler, pas beaucoup manger.

Les discours du bon noir attristaient Conrad

plus encore. Il était dévoré de la soif la plus ar-
dente et tourmenté par la faim; car depuis longtemps il n'avait rien pris; mais il n'apercevait rien
pour satisfaire ce pressant besoin.

Il vit enfin dans une grande planche de beaux
ananas; ce fruit lui était connu, parce qu'il en
avait lu la description et vu la figure. Comme il y
en avait plusieurs centaines dans cette planche, il
demanda à Mandango s'il en pouvait prendre un;
car il était exténué de besoin.

A cette question, le noir fit un signe d'effroi.

— Toi pas manger ananas! s'écria-t-il; si toi
prendre ananas, toi mourir. Le maître tuer avec le
fouet le pauvre esclave qui prend ananas. Toi attendre le riz; on donne le riz le matin, à midi et le
soir. Le maître savoir combien de fruits dans le
jardin.

— M'est-il aussi défendu de boire? lui demanda
Conrad, je meurs de soif. Donne-moi un verre
d'eau.

— Toi boire de l'eau tant que tu veux; Mandango t'apporter de l'eau, lui répondit le bon
nègre en s'éloignant à pas précipités.

Au bout de quelques minutes il revint avec une grosse calebasse (espèce de gourde) et la présenta à Conrad, qui savoura l'eau fraîche et pure qu'elle contenait.

— Toi mettre autre habit, dit Mandango, et toi venir travailler; maître pas aimer paresseux. Petit blanc, venir travailler tout de suite.

Conrad se déshabilla, prit, au lieu de ses vêtements, un pantalon et une blouse en toile de coton, et suivit son nouvel ami.

Son travail consistait à bêcher la terre, attacher les fleurs, palissader les arbustes, cueillir les fruits, nettoyer les marches du jardin et faire enfin tous les autres travaux de jardinage. On donna à Conrad une bêche, un râteau, une serpette et quelques autres instruments de culture; puis il se mit sur-le-champ à l'ouvrage.

Ces travaux n'eussent été pour lui ni pénibles ni fastidieux, car ils lui étaient familiers, s'il n'avait toujours eu sous les yeux leur farouche inspecteur, nègre à figure diabolique, qui ne quittait pas le jardin, et à chaque instant distribuait des coups de fouet à droite et à gauche, toutes les fois qu'il croyait qu'un esclave ralentissait son travail. Souvent il n'atteignait pas le coupable, mais son voisin; et celui-ci ne devait pas bouger, ne pas trahir ses souffrances par un geste; sans quoi il était traité de la manière la plus cruelle.

Oui, mes enfants, c'est ainsi que des hommes traitent leurs frères! voilà les souffrances auxquelles sont condamnés les pauvres esclaves! Vous frémissez, j'en suis sûr, en lisant ces lignes; des larmes s'échappent de vos yeux. Je pourrais vous dévoiler des horreurs plus effrayantes encore, si je ne craignais pas de vous déchirer le cœur. Priez avec moi pour que les gouvernements de l'Europe mettent fin à cet horrible commerce d'hommes.

Les souverains ont déjà beaucoup fait sous ce rapport; car la traite des noirs est défendue en Europe sous des peines très-sévères; les navires qui se livrent à ce trafic infâme sont poursuivis et frappés de peines rigoureuses. Le Danemark a été le premier à faire des démarches pour mettre un terme à ces horreurs; mais ces mesures ne sont pas encore suffisantes pour prévenir tout le mal; car chaque année on transporte d'Afrique en Amé-

rique plusieurs milliers d'esclaves pour y être trai-
tés aussi durement, peut-être plus encore, que je
viens de vous le représenter.

Jeunes gens, qui un jour deviendrez hommes,
accoutumez-vous à voir avec compassion les infor-
tunes qui pèsent sur cette partie de nos frères, et
si jamais le sort vous élève à la puissance, contri-
buez de tous vos efforts à rendre leur condition
moins dure et à faire cesser ces horribles coutumes.
Celui qui veut avec constance peut beaucoup; ayez
toujours cet axiome devant les yeux, et ne vous
laissez rebuter par aucune difficulté.

Après cette courte digression, que vous me par-
donnerez sans doute, nous allons revenir à notre
brave Conrad et voir quel a été son sort.

Quand le soir fut arrivé, on entendit retentir
une cloche, et, à un signal, tous les esclaves quittèrent leurs outils. Ils allèrent à leur case chercher une écuelle faite avec une calebasse et se rendirent en toute hâte vers une maison construite à
l'entrée du jardin, où le sous-inspecteur leur
distribua du riz cuit dans l'eau, leur unique nourriture. Conrad n'avait pas d'écuelle, et personne

ne pensait à lui en donner une. Il voyait avec un
sentiment de tristesse, qu'augmentait le besoin,
ses compagnons d'esclavage revenir de la distribution, et, en retournant à leur case, dévorer leur
souper avec avidité; car la portion qui leur était
dévolue ne suffisait jamais pour satisfaire leur
faim; aussi attendaient-ils avec impatience l'heure
d'une nouvelle distribution.

Le bon Mandango s'aperçut que Conrad regardait tristement ses camarades faire leur repas; il
lui dit :

— Toi blanc, pas faim, pas manger riz ?

— J'en mangerais volontiers si j'en avais, répondit Conrad; car j'ai grand'faim; mais personne
ne m'en donne.

— Toi aller à la grande case avec ta calebasse,
ou bien pas de riz.

— Je n'ai pas de calebasse, bon Mandango.

— Ah! ah! toi pas calebasse! Mandango manger vite et te donner calebasse, répondit le bon
nègre.

En effet, il se hâta de manger son riz et donna
sa calebasse vide à Conrad, qui reçut aussi sa part.

Le lendemain, au lever du soleil, les esclaves
furent réveillés par le son de la cloche ; on leur
donna leur déjeuner, qui, comme le souper de la
veille, se composait uniquement de riz cuit dans
l'eau. Si le bon Mandango n'avait pas été là, Conrad n'aurait rien eu ; car personne ne s'inquiétait
des besoins des esclaves, et celui qui ne présentait
pas sa calebasse n'avait pas à manger.

Conrad avait encore quelque peu d'argent dans
sa poche, et, lorsque le dimanche fut arrivé,
comme les esclaves ne travaillaient pas de la journée, il profita de la permission de sortie qui lui
fut donnée, pour acheter une calebasse.

CHAPITRE XIV.

Les Habitants du Gigitonhonha.

Nous avons laissé le bon père Riemann veillant
à la sécurité de ses enfants pendant leur sommeil.
Quand le jour commença à poindre, il cessa d'entretenir le feu, qui était devenu inutile, et se
livra au repos. Le soleil éclairait depuis plusieurs
heures les rives enchanteresses du Gigitonhonha,
quand nos amis se réveillèrent; ils avaient es-
suyé une si violente fatigue, leur âme avait été
si profondément brisée par la douleur, qu'ils

4.

avaient besoin d'un long repos pour réparer leurs forces.

Leur premier soin, à leur réveil, fut de remercier le Seigneur de ses bontés ; ils commencèrent ensuite à travailler à la construction d'une cabane qui les mît à l'abri de l'intempérie des saisons et de la férocité des animaux sauvages.

Le père Riemann et Wilhelm abattirent plusieurs arbres, les dépouillèrent de leur écorce et les plantèrent profondément en terre, après en avoir aminci l'extrémité inférieure avec la hache. L'endroit qu'ils choisirent pour la construction de leur cabane était au bord du fleuve, auprès d'un petit bois de cocotiers. Comme ils manquaient de pierre et de plâtre, il leur fut impossible de faire d'épaisses murailles ; mais ils la formèrent de claies d'un tissu très-serré et mirent dans toutes les fentes de la terre pétrie avec de la mousse. Des feuilles de bananier leur servirent à couvrir le toit de leur cabane, et, malgré la légèreté de cette couverture, ils furent parfaitement abrités contre la pluie même la plus violente.

Wilhelm et son père travaillèrent seuls à la

construction de la cabane; les femmes étaient
trop faibles pour leur être d'un grand secours dans
cette opération; cependant elles ne demeurèrent
pas oisives : elles tracèrent autour de la maison un
vaste carré destiné à devenir le jardin, l'entou-
rèrent d'une haie pour empêcher les animaux nuisibles d'y rentrer. Elles bêchèrent le sol, qui leur
offrit peu de résistance, car il était léger et sablon-
neux, le divisèrent en planches dans lesquelles
elles sémèrent du blé de Turquie, du chanvre, du
tabac et d'autres plantes dont leur père avait acheté
des semences à Rio-Janeiro. Un grand carré fut
planté en pommes de terre, et la partie la plus
humide du jardin, qu'arrosait un petit ruisseau,
fut consacrée à la culture du riz, qui ne croît que
dans les lieux humides.

La terre du Brésil est si fertile et le climat si
favorable à la végétation, qu'au bout de peu de
jours les semences qu'elles avaient confiées à la
terre commencèrent à germer. Les plantes qui,
en Europe, occupent le sol pendant plusieurs
mois, mûrissent dans ce pays en quelques
semaines, et les produits en sont d'une saveur

exquise. Anna avait trouvé quelques graines de melons que par hasard ils avaient apportées d'Europe; elle les sema, et, au bout de trois semaines, les fruits commençaient à se former. Le père Riemann, qui, malgré sa rusticité, avait beaucoup de bon sens, faisait admirer à ses enfants les ressources d'un pays où le sol produit sans culture, et trouvait dans cette même fertilité la cause de l'état d'indigence où vivent les habitants.

L'abondance et par conséquent le bas prix des choses nécessaires à la vie, leur disait-il, sont la cause de l'oisiveté des Brésiliens; ils n'ont pas besoin d'arracher péniblement à la terre la nourriture de chaque jour; elle la produit d'elle-même; aussi ne s'inquiètent-ils pas, comme nous, du lendemain; car ils sont toujours sûrs de vivre, tandis qu'en Europe l'oisiveté est suivie de la misère, et celle-ci amène une fin honteuse et méprisable.

Au bout de peu de jours, la cabane fut assez close pour leur offrir un abri. Comme ils ne manquaient pas d'outils, le travail avançait rapidement. Pendant la construction du toit, il leur ar-

riva un petit événement qui affligea beaucoup
toute la famille, qui ne pensait pas qu'il pût lui
être possible de le réparer. Marguerite avait eu
soin de se munir de vaisseaux de terre pour préparer leurs aliments. Afin de les préserver de tout
accident, elle les avait mis à une certaine distance
de la cabane. Mais le malheur voulut que Wilhelm,
en chargeant sur ses épaules une pièce de bois
destinée à construire le toit, la laissât tomber sur
la pauvre batterie de cuisine de la famille et la mît
en pièces.

Marguerite était inconsolable de cette perte.
Elle regardait les larmes aux yeux les débris de
ses chers ustensiles de cuisine.

— Comment allons-nous faire cuire nos aliments ?
s'écria-t-elle. Je ne sais pas comment il nous
sera possible de nous procurer d'autres vases de
terre.

— Le mal est grand, ma chère fille, lui répondit le père, qui était accouru à ses cris ; mais
tu dois te consoler en pensant qu'il aurait pu être
plus grand encore. Si Wilhelm avait laissé tomber cette poutre sur ta sœur ou sur toi, il vous

aurait grièvement blessées, et c'est alors que tu
aurais pu te plaindre ; mais quelques misérables
vaisseaux de terre ne méritent pas tant de regrets.
Remercions plutôt Dieu de ce qu'il a permis que
rien de fâcheux ne soit arrivé à l'un ou à l'autre
de nous. Que veux-tu, ma chère Marguerite ? nous
ferons comme nous pourrons.

En disant ces mots, le pieux Riemann, préparé à toutes les vicissitudes, retourna à son
travail. Ce sage vieillard trouvait inutile et même
coupable de s'affliger éternellement sur des événe-
ments qui ne pouvaient être réparés. Il avait bien
raison ; car ce calme imperturbable et cette résignation inébranlable forment la véritable philo-
sophie.

Malgré les consolations de son père, Marguerite
regrettait toujours ses poteries et examinait
chaque débris pour s'assurer qu'aucun d'eux ne pût
plus servir. Wilhelm était très-fâché de l'accident
dont il était l'auteur.

— Tranquillise-toi, ma chère Marguerite, lui
disait-il ; je vais chercher dans les environs jusqu'à
ce que j'aie découvert quelque banc d'argile ;

et comme j'ai plus d'une fois aidé dans son travail notre voisin le potier, et que je connais un peu
la fabrication des pots de terre, je te ferai autant
de pots et de marmites que tu en voudras.

Wilhelm tint parole ; car, peu de jours après
l'achèvement de la cabane, il sonda la terre en
plusieurs endroits et découvrit un banc d'argile
à potier. Cette découverte le transporta de joie ;
il se hâta de retourner vers sa famille pour lui
faire part de cette bonne nouvelle.

— J'ai trouvé un banc d'argile rouge, de belle
argile à potier ; par conséquent, ma chère sœur,
tu ne dois plus regretter tes pots, je vais t'en faire
de toutes sortes.

Il prit aussitôt un panier, l'emplit d'argile,
et, après en avoir ôté tous les corps étrangers,
comme les cailloux, le sable, etc., il la mêla avec
de l'eau, la pétrit pendant quelque temps, pour
rendre la terre plus liante, et en fit plusieurs vases
de cuisine.

Quand tous ses vases furent faits, il les laissa
sécher au soleil, et, pendant qu'ils séchaient, il
construisit avec la même argile un four qu'il

chauffa fortement. Il y mit cuire ses pots pendant une journée tout entière. Dans cette opération, plus d'un pot éclata ; car le proverbe : *Qui est apprenti n'est pas maître*, n'est pas faux ; mais cela ne le découragea pas ; il en fit d'autres et réussit mieux qu'aux premiers. Marguerite était au comble de la joie et ne pouvait se lasser de lui faire compliment de son habileté.

— Vois-tu, lui disait le père Riemann, ce qui dans le principe nous a paru un grand malheur est devenu pour nous une bonne fortune. Si Wilhelm n'avait pas cassé tes pots, il n'aurait pas cherché d'argile, et tu comprends maintenant de quelle ressource cette découverte sera pour notre petit ménage.

— Il est vrai, répondit Marguerite ; tout ce que Dieu fait est bien fait, et je reconnais encore dans cette circonstance que jamais il ne permet qu'un événement arrive sans le faire devenir la cause d'un bonheur inespéré. Béni soit son saint nom !

CHAPITRE XV.

Le Veau et les Melons.

Bientôt nos colons ne manquèrent pas de légumes, de fruits, et en général des choses les plus
nécessaires à la vie de l'homme ; car ce sol fertile,
cultivé par des mains habiles, rendait cent pour
un. Malgré l'espèce d'abondance au milieu de laquelle ils se trouvaient, ils éprouvaient encore des
privations. Ils n'avaient pas de viande, aliment si
précieux pour réparer les forces de l'homme qui
se livre aux rudes travaux des champs. Comme ils
n'avaient pas d'armes à feu, il leur était impos-

sible de se procurer quelques pièces du gibier qui peuplait par milliers les forêts dont ils étaient entourés.

Wilhelm et Riemann avaient, dans leurs excursions, aperçu plus d'une fois des vaches et des taureaux errants dans les immenses savanes qui bordent le fleuve; mais jamais ils n'avaient pu atteindre un seul de ces animaux, qui se hâtaient de gagner la forêt dès qu'on se dirigeait de leur côté.

Un matin que Wilhelm passait devant la fosse d'où il tirait son argile, qui avait déjà atteint une certaine profondeur, il entendit sortir un mugissement. Plein de surprise, il y regarda et vit un veau qui n'avait pu en sortir, parce qu'il s'était cassé une patte. Comme il avait eu le soin de pratiquer dans un coin de sa fosse une sorte d'escalier ou de pente rapide, pour y descendre facilement, il alla chercher le veau, le chargea sur ses épaules et regagna la maison en toute hâte. Il déposa le veau au milieu de la chambre, à la grande surprise de toute la famille, qui apprit avec joie comment cet animal était tombé entre ses mains.

— Bénie soit la fosse ! s'écria Wilhelm avec joie ; c'est à elle que nous devons de posséder un veau.

— Rends plutôt grâce à ta maladresse, lui répondit son père en souriant ; c'est aux pots cassés que nous devons une foule de vases utiles, un four pour cuire notre pain, et aujourd'hui un veau dont la chair nous régalera d'autant mieux que voilà longtemps que nous n'avons mangé de viande.

— Notre sel tire à sa fin, dit Marguerite ; il faut tâcher de vous en procurer d'autre ; car la viande sans sel est un aliment bien fade.

— J'y ai déjà songé, lui répondit son père, et je vois avec joie que sous ce rapport je suis tout à fait hors d'inquiétude. Maintenant que nous avons quelque chose à porter au marché, nous pourrons faire quelques achats avec l'argent que nous tirerons de nos denrées. Nous allons tuer ce veau, qui est trop jeune pour que nous puissions espérer de le garder, et, après avoir conservé une partie de sa chair, nous irons vendre le reste à Tejucco (c'est ainsi que s'appelait la ville la plus proche de leur demeure), sur la brouette que nous avons faite. Cette ville est à quatorze lieues d'ici ; mais j'ai assez bien remarqué le chemin qui y conduit pour pouvoir le retrouver au besoin. Avec l'argent que nous retirerons de ce veau, nous achèterons du sel et les autres choses dont nous commençons à manquer.

Ce projet reçut l'approbation générale, et l'on s'occupa sur-le-champ de son exécution. Le veau fut tué ; Marguerite en prépara un excellent rôti, qui fit grand plaisir à toute la famille, et, le lendemain matin, Riçmann et Wilhelm se mirent en route. Le fidèle Fuchs fut de la partie.

— Arrêtez ! arrêtez ! entendirent-ils crier quelques instants après leur départ.

Ils se retournèrent et virent Anna qui accourait à toutes jambes en tenant son tablier.

— Je vous apporte quelques-uns de mes melons, leur dit-elle ; peut-être pourrez-vous en tirer aussi de l'argent.

Les melons furent mis sur la brouette, dont ils n'augmentèrent pas beaucoup la pesanteur, et nos voyageurs continuèrent leur route.

CHAPITRE XVI.

Une Rencontre.

Wilhelm et son père suivirent le Gigitonhonha, sur les bords duquel est bâti Tejucco. Ils marchèrent tout le jour, et la nuit les surprit sans qu'ils y fussent arrivés. La lune était dans son plein, le ciel pur, et ainsi ils pouvaient poursuivre leur route sans danger de s'égarer, puisqu'ils ne s'éloignaient pas du fleuve.

Le soleil commençait à s'élever au-dessus de

l'horizon, lorsqu'ils aperçurent les monuments les
plus élevés de la ville, qui était encore à une lieue
d'eux. La fraîcheur de la nuit avait empêché que le
voyage ne les eût fatigués; aussi continuèrent-ils
rapidement leur chemin, en poussant alternative-
ment la brouette.

Lorsqu'ils entrèrent dans Tejucco, tout le
monde était déjà levé; car, dans ces climats brûlants, les heures consacrées au travail sont le matin et le soir, parce que, au milieu du jour, la
chaleur est trop forte pour qu'on puisse se livrer à
la moindre occupation. De midi à cinq heures,
chacun se repose.

Nos voyageurs se rendirent aussitôt sur le marché, où un grand nombre de campagnards étaient
déjà arrivés. Il ne tarda pas à se présenter un
acheteur; mais, comme ils ne savaient pas un mot
de portugais, ils étaient fort embarrassés de con-
clure leur marché. Le hasard les servit: il passa
près d'eux un soldat allemand au service du Brésil;
il leur offrit de venir à leur secours; ce qu'ils
acceptèrent avec joie; car lorsqu'on est éloigné de
sa patrie, on aime à rencontrer de ses compa-

triotes et l'on semble plus disposé à s'entr'aider que dans son pays même.

Claus (c'est ainsi que se nommait le soldat), qui parlait parfaitement portugais, conclut pour eux le marché du veau et des melons, pour lesquels ils reçurent environ une piastre. Il leur offrit alors de les conduire dans une boutique où ils pourraient acheter le sel qu'ils pouvaient remporter.

Il était naturel qu'entre compatriotes ils se questionnassent mutuellement sur les circonstances qui les faisaient se rencontrer à plusieurs milliers de lieues de leur patrie. Quand Claus apprit que nos amis avaient obtenu du gouvernement la permission de s'établir sur les bords du Gigitonhonha, il les félicita de leur bonheur; il connaissait parfaitement ces contrées, qu'il avait parcourues dans ses expéditions et qu'il savait être d'une grande fertilité. Il leur dit que, quand il aurait son congé, il demanderait au gouvernement un coin de terre pour s'y établir; car il était né agriculteur et ne connaissait aucun état plus heureux et plus honorable.

— Dans six mois je serai libre, leur dit-il, et,

si le sort me favorise, j'irai me fixer dans votre voisinage, où je me bâtirai une cabane pour y vivre en paix.

— Pourquoi ne demandez-vous pas sur-le-champ des terres au gouvernement? lui demanda Riemann; puisque vous aimez l'agriculture, la vie de soldat doit vous être à charge. Quant à moi, je n'eusse jamais voulu changer la charrue pour le sabre, et mes fils sont du même sentiment.

— Vous avez d'autres fils que celui-ci? lui demanda Claus en montrant Wilhelm.

— Hélas! oui, répondit Riemann en poussant un soupir. Il s'est sacrifié pour nous.

Il raconta alors au soldat ce que Conrad avait fait pour sauver sa famille. Le récit du vieillard fut souvent interrompu par des pleurs.

— C'est un brave jeune homme, lui dit Claus en essuyant une larme; Dieu le bénira. Pour répondre à votre question, lui dit-il, je dois vous dire que je suis arrivé ici sans un sou, et je me suis vu forcé de m'engager pour échapper à la misère; car celui qui vient au Brésil sans argent, sans meubles et sans instruments aratoires, doit se préparer à périr

de misère. Depuis huit années je sers dans les ar-
mées brésiliennes, et, grâce à Dieu, j'aurai mon
congé dans six mois. J'ai mis de côté quelque peu
d'argent provenant de ma solde, et j'espère pouvoir m'établir sans crainte. Au reste, je réclamerai
votre assistance.

— De tout mon cœur, pays, lui répondit Riemann en lui tendant la main.

Ils se séparèrent bons amis.

La chaleur commençait à devenir insuppor-
table. Wilhelm et son père, qui étaient sortis de
la ville après y avoir fait un léger repas, cher-
chèrent un endroit ombragé pour s'y reposer. Ils
trouvèrent un bouquet d'arbres dont le vaste et
épais branchage formait un abri impénétrable, et
se couchèrent dessous. Tous deux avaient grand
besoin de repos. Le but de leur voyage était accompli, leur conscience était pure, ils pouvaient
sans crainte se livrer au sommeil.

CHAPITRE XVII.

Le Nid de Perroquets.

Marguerite et Anna, trouvant que nos voyageurs tardaient beaucoup à revenir, allèrent à
leur rencontre en suivant les bords du fleuve. Elles
craignaient qu'il ne leur fût arrivé quelque malheur ou qu'ils se fussent égarés dans ces vastes
solitudes; mais elles furent bientôt hors d'inquiétude en voyant accourir à eux le bon Fuchs, qui
leur fit mille caresses.

— Papa et Wilhelm ne sont sans doute pas loin, dit Anna; avançons toujours.

Au bout de quelques instants, elles les virent paraître; un rocher les avait jusque-là dérobés à leur vue.

Ils se firent autant d'amitiés que s'ils ne s'étaient pas vus depuis plusieurs années.

—Comment vous êtes-vous portées pendant notre absence? Avez-vous eu peur des bêtes sauvages? Avez-vous vendu vos denrées? M'apportez-vous du sel?

Telles furent les questions qui se succédaient avec rapidité, sans presque attendre la réponse. Marguerite prit la brouette des mains de Wilhelm, afin qu'il se reposât un peu; mais celui-ci se hâta d'en ôter sa casquette, qui était à côté du sel, et s'avança vers Anna en soulevant à demi l'herbe sèche qui couvrait ce qu'elle contenait.

— Anna, je t'apporte quelque chose qui te fera grand plaisir. Dans tes heures de loisir, je suis sûr que tu seras contente de l'avoir.

— Qu'est-ce que c'est? demanda Anna avec

curiosité en cherchant à enlever l'herbe pour voir
ce que son frère avait apporté.

— Non pas, non pas, lui dit Wilhelm en levant
sa casquette au-dessus de sa tête. Devine ce que
c'est.

— Comment veux-tu que je devine? C'est peut-
être encore quelque nid de mulots, comme tu l'as
fait une fois, alors que nous demeurions en Allemagne. Ne me fais pas languir, dis-moi ce que tu
m'apportes.

— Ce que je t'apporte n'est pas aussi laid que
tes mulots; au contraire, c'est quelque chose de
bien joli. Mais il faut que tu devines comment cela
s'appelle.

— Eh bien! c'est un nid; car je vois quelque
chose de vivant dedans, et, qui plus est, j'entends
gratter : ce sont des moineaux.

— Non, tu n'y es pas; je n'ai vu dans ce pays
aucun de ces intrépides voleurs de cerises ; mais
tu brûles, continue, ne perds pas patience.

— Ce sont des alouettes ou des rossignols. Il y a
bien longtemps que j'ai envie d'avoir des alouettes.

— Bah! des alouettes! Es-tu folle? Je n'en ai

pas encore vu ici. Allons, je vois que tu ne devineras jamais ; je ne veux pas te tourmenter plus longtemps. Tiens, regarde, je t'apporte un nid tout entier de perroquets, les plus jolis que tu aies vus de ta vie. Ils ont déjà des plumes et mangent presque seuls. Tu n'auras besoin de leur donner du riz cuit à l'eau que pendant quelques jours seulement : tu pourras alors les abandonner à eux-mêmes. J'espère que nous les élèverons, si tu en as bien soin.

— O mon bon petit frère ! je te remercie ; tu es bien gentil d'avoir pensé à moi ! s'écria Anna avec joie. Un nid de perroquets ! de ces beaux oiseaux verts et rouges ! Il y en a bien dans ce nid pour 100 thalers (400 fr.). N'est-ce pas, si nous étions en Allemagne, nous les vendrions au moins cela ? Je te promets d'en avoir bien soin, et puis je les apprivoiserai ; ils seront si privés, si privés, qu'on n'aura pas besoin de les tenir en cage. O mes chers petits perroquets ! je vous aimerai bien, et je vous apprendrai à dire chaque matin : Bonjour, Anna ; bonjour, papa Riemann.

Nos voyageurs arrivèrent dans leur habitation ;

ils avaient besoin de repos. Ils éprouvèrent un sentiment de bonheur indicible en se retrouvant dans une chaumière bâtie de leurs mains, entourés d'aisances qu'ils ne devaient qu'à leur travail. Ils trouvèrent délectable le repas que leur avait préparé Marguerite. Eux seuls encore en avaient fait les frais. Ils avaient cultivé le sol qui produisait ces excellentes pommes de terre, qui leur rappelaient leur patrie. C'étaient eux qui avaient changé cette solitude en un jardin régulier et productif; c'était à leur industrie qu'ils devaient cet abri qui les défendait contre les attaques des animaux nuisibles et contre l'intempérie des saisons.

— O mon bien-aimé Conrad! dit tout bas le père Riemann en soupirant, que n'es-tu libre et près de nous! Ta présence me comblerait de joie, je n'aurais plus de vœux à former.

Riemann, ce bon père, ne parlait jamais de Conrad à ses enfants. Il craignait de les attrister et de troubler la douce quiétude dont ils jouissaient au milieu de leurs pénibles travaux.

CHAPITRE XVIII.

Les Perroquets. — Le Canot. — Un nouveau Voyage à
Tejucco.

Depuis le retour de son frère, Anna avait fort à
faire avec ses perroquets. Wilhelm avait construit
pour eux une cage spacieuse avec des branches
flexibles, et ces petits animaux s'y trouvaient aussi
bien que dans leur nid. Au bout de quelques
jours ils n'eurent plus peur d'Anna quand elle
leur apportait le riz qu'elle avait soigneusement
préparé pour eux. Ils commençaient même à lui

manger dans la main et poussaient un cri de joie
quand ils la voyaient paraître. Cette innocente occupation charmait les loisirs de la pauvre Anna,
et son père voyait avec plaisir qu'elle eût trouvé
une récréation; car ce qu'il redoutait par-dessus
tout dans cette solitude dont ils étaient les seuls
habitants, c'était l'ennui, qui empoisonne tous les
instants de la vie.

Un nouveau commensal, tout aussi bien ac-
cueilli que les perroquets, vint augmenter le per-
sonnel de la maison. Wilhelm, toujours attentif à
ce qui pourrait plaire à sa sœur, rentra un jour le
visage rayonnant de joie et lui annonça qu'il était
tombé dans sa fosse à argile un jeune faon appartenant à l'espèce des cerfs dont ils voyaient des trou-
peaux entiers traverser les savanes.

— Ce qu'il y a de mieux, c'est que nous aurons
à la fois la mère et le petit; car j'ai vu cette pauvre
biche regarder tristement dans la fosse. Mon approche ne la fit reculer que de quelques pas. Elle
me regardait d'un air qui semblait dire : Rends-
moi mon petit. Je parie qu'elle nous suivra, si
nous apportons son petit ici. Nous n'aurons qu'à

l'attacher fortement à un arbre, et nous sommes sûrs que la biche viendra l'allaiter; de cette manière nous le conserverons.

— Allons vite le chercher, ce cher petit, s'écria Anna en courant à toutes jambes vers la fosse, sans écouter son frère qui lui criait :

— Attends-moi donc, Anna; il n'est pas besoin de courir si fort; nous sommes certains qu'il ne pourra pas sortir seul.

Quand Wilhelm eut rejoint sa sœur, tous deux descendirent dans la fosse et en tirèrent le faon.

Tout se passa comme Wilhelm l'avait prévu : la biche, inquiète de son petit, les suivait à quelques pas de distance, et, quand Wilhelm eut attaché le faon à un jeune cocotier et se fut éloigné, elle approcha, quoique en tremblant, pour donner à téter à son petit.

Ce n'était pas le tout d'avoir un faon, il fallait le garantir des injures du temps et de la voracité des bêtes carnassières.

Wilhelm, aidé de son père, qui se prêtait avec une complaisance admirable aux jeux de ses enfants, construisit une petite étable, bien rustique,

5.

il est vrai, mais qui répondait parfaitement à son but.

Aussitôt après que l'étable fut terminée, Anna y porta de la litière et de l'herbe fraîche. Chaque soir elle conduisait le faon dans sa nouvelle demeure et l'y attachait. Comme ils l'avaient espéré, la biche s'approcha d'abord de l'étable où était attaché son petit; elle finit par y entrer, et, quand Wilhelm la vit dedans, comme il l'épiait chaque jour, il ferma la porte de l'étable, et tous deux furent en son pouvoir.

Marguerite, qui n'avait jusqu'alors attaché que peu d'importance à la possession du faon, en conçut une tout autre opinion quand elle vit la mère dans l'étable. Elle se voyait déjà chaque matin obligée de traire la biche, et elle se réjouissait d'avoir du lait, dont elle regrettait depuis longtemps la privation.

On eut dans le principe beaucoup de peine à traire la biche, qui voulait frapper de la tête et du pied. Wilhelm y perdit plus d'un pot et Marguerite plus d'une pinte de lait; car c'était souvent à l'instant où le pot était plein, que la biche mettait le pied dedans. Enfin, à force de patience, on vint à bout de l'apprivoiser, et ce fut alors qu'on sentit tout le prix de cette heureuse capture.

La pêche contribuait encore beaucoup à rendre agréable la vie de nos colons. Le Gigitonhonha est très-poissonneux, et Marguerite s'entendait parfaitement à la fabrication du filet. Elle avait fait deux grands filets carrés avec lesquels on prenait chaque jour plus de poisson qu'il n'en fallait pour la consommation de la famille. Wilhelm avait trouvé dans leurs bagages trois vieux hameçons qui lui semblèrent une fortune. Il les monta sur du fil tiré de l'écorce intérieure du palmier, qui a beaucoup de solidité, et cette ligne, tout imparfaite qu'elle était, lui servait à prendre une foule de petits poissons d'un goût très-délicat, et qui auraient passé à travers les mailles du filet. Ce jeune garçon, né observateur, avait acquis une foule de petits talents pratiques, qui lui devinrent très-utiles dans leur nouvelle patrie.

La pêche fit naturellement naître le désir d'avoir un canot, et le père Riemann ne se fit pas longtemps prier pour mettre la main à l'œuvre.

Wilhelm et son père abattirent avec peine un
gros arbre, le dépouillèrent de son écorce et le
creusèrent. Ils employèrent à ce travail un mois
entier; car le bois était dur et résistait aux efforts
de la hache et du ciseau. Ce qui les encourageait
dans leur travail, c'était l'idée de posséder un canot solide et durable. Enfin, après bien des fatigues, le canot fut lancé du chantier; ce qui
causa une vive joie à toute la famille. Ils n'avaient
plus besoin de faire à pied et péniblement le chemin de Tejucco; quand on aurait quelque chose
à y vendre, ils s'embarqueraient sur le Gigitonhonha, qui les transporterait doucement et sans
fatigue jusqu'à la ville. Bientôt l'opportunité d'un
second voyage se fit sentir. Anna avait des melons
mûrs; Marguerite, plus de pommes de terre que
n'en pouvait consommer la famille. Cette fois, nos
deux voyageurs partirent sans crainte.

On comptait beaucoup sur le produit de ces
denrées pour se procurer certaines choses dont la
privation se faisait sentir. Ils manquaient de clous,
si nécessaires dans la plupart de leurs travaux de
construction; ils avaient employé pour la cha-

loupe tout ce qu'il leur en restait; aussi résolurent-
ils d'en acheter dès qu'ils auraient vendu leur
denrées. Ils comptaient aussi beaucoup sur l'assistance de Claus, qu'ils savaient alors où trouver.

Ils arrivèrent sans dangers et sans fatigues à
Tejucco, et ne furent pas longtemps à chercher
leur compatriote. Claus fut enchanté de les revoir
et fut à leur égard aussi officieux que la première
fois. Les denrées furent vendues avec facilité, et
ils en employèrent le produit à faire leurs em-
plettes.

— Dans deux mois je serai libre, leur dit Claus;
alors j'irai vous rejoindre, et nous ne nous sépa-
rerons plus. Mes chefs, satisfaits de ma bonne
conduite, m'ont offert une place d'inspecteur à la
Mandanga; mais je les ai refusés; car je ne pourrais voir sans émotion maltraiter les pauvres noirs
qu'on occupe à arracher de la terre des pierres
précieuses dont l'unique objet est de flatter la va-
nité des riches et des grands.

— Qu'est-ce que c'est que la Mandanga? lui demanda Wilhelm.

— Comment! vous n'avez pas encore entendu

parler des mines de diamants qui se trouvent dans le district que vous habitez? La plus grande de ces mines s'appelle la Mandanga. Mille esclaves noirs y sont employés. Ils sont dépouillés de tous leurs vêtements, et on les fait fouiller la terre, qui renferme dans son sein une quantité considérable de diamants. Quand ils en ont trouvé un, ils le ramassent et l'élèvent au-dessus de leur tête jusqu'à ce que l'inspecteur vienne le leur prendre. On ne les fait travailler nus que pour éviter qu'ils puissent cacher quelques diamants dans leurs vêtements. Le moindre mouvement équivoque, soit vers la bouche, soit vers la tête, fait supposer à leurs impitoyables gardiens l'intention de dérober un diamant, et cette faute est punie avec l'inhumanité la plus révoltante. Si l'un de ces malheureux cède au désir de s'approprier une pierre précieuse et qu'il soit découvert, ce qui a presque toujours lieu, il périt dans les supplices les plus affreux. On voit beaucoup de ces infortunés risquer de cette manière une vie qui leur est à charge, pour cacher un de ces misérables cailloux, qu'ils vendent à vil prix dans les villes.

— Vous appelez les diamants des cailloux ! lui
demanda Wilhelm avec étonnement ; vous voulez
sûrement plaisanter ?

— Pas du tout, lui répondit Claus : j'ai toujours
ouï dire que les diamants ne sont autre chose
qu'une espèce particulière de cailloux. J'en ai souvent entendu parler ici, et jamais autrement.

Tout en conversant, nos trois amis étaient arrivés au bord du fleuve ; Riemann et son fils sau-
tèrent gaîment dans leur canot et s'éloignèrent
après avoir dit un dernier adieu à Claus, qui les
suivait avidement des yeux.

CHAPITRE XIX.

Le Diamant. — La Tentation.

Les deux mois annoncés par Claus pour sa libération étaient écoulés, et nos émigrants attendaient, avec une impatience bien naturelle à des gens qui vivaient dans l'isolement, l'arrivée de cet homme, qui avait si promptement acquis leur estime et qui était destiné à devenir un des membres de leur famille, ainsi qu'ils en étaient convenus avec Riemann dans leur dernière entrevue.

— Que ne puis-je de la sorte attendre mon pauvre Conrad ! se disait le père Riemann.

Toute la famille faisait la même réflexion en attendant l'étranger.

Ils avaient passé le plus mauvais temps, tout réussissait au delà de leur attente ; ils possédaient en abondance les choses nécessaires à la vie ; mais leur joie était empoisonnée par le souvenir de leur pauvre frère, qui gémissait dans l'esclavage. Combien de temps encore devait-il porter les chaînes ? quand auraient-ils complété la somme nécessaire pour le racheter ?

Enfin, Claus arriva. Il avait sans peine trouvé leur demeure ; car il avait plus d'une fois parcouru ces immenses déserts. Son visage brillait de joie lorsqu'il aperçut leur charmante chaumière, leur jardin, cultivé avec un tel soin, qu'on n'y voyait pas une mauvaise herbe, et la petite étable. Ceux qui avaient, à force de travail et d'industrie, converti ce désert en un lieu habitable, ne pouvaient manquer d'être des gens laborieux.

Aussitôt après les compliments d'usage, Claus tira le père Riemann à part et lui dit, en lui pressant la main :

— Réjouissez-vous, mon brave Riemann ; votre

fils est sauvé, bientôt il sera dans vos bras.

— Comment ! s'écria Riemann, mon cher Conrad ! Serait-il possible ? Ne me flattez-vous pas d'une trompeuse espérance ?

— Non, non, je ne vous trompe pas, lui répondit Claus en tirant de son sein un papier qui renfermait quelque chose. Voyez, la fortune m'a singulièrement favorisé avant de quitter le service. J'avais fait à Tejucco connaissance d'un des malheureux noirs qui travaillent dans la mine de diamants; je lui rendis quelques petits services, qui allégèrent sa position; car le pauvre diable était un fort bon garçon. La veille de mon départ, après sa journée, il vint me trouver et m'offrit le diamant que voici, en me disant qu'il voulait me le vendre fort peu de chose; qu'après avoir risqué sa vie pour le cacher dans sa bouche, il avait profité d'un moment favorable pour le mettre sous son aisselle, et qu'il était heureusement parvenu à le soustraire à l'œil vigilant de ses gardiens. Il aurait bien pu le vendre à ceux qui font ce métier et qui en auraient, sans nul doute, donné beaucoup plus que moi; car, d'après mon estimation, il vaut plusieurs milliers de piastres. Je lui donnai ce que j'avais mis de côté de ma solde pendant toute la durée de mon service , et je lui promis de lui donner encore quelque chose , si je trouvais à m'en défaire avantageusement. Quand je fis ce marché, je vous jure que je ne pensais nullement à moi , mais à vous , que j'estime comme mon propre père , et à votre brave fils qui languit dans l'esclavage. Prenez ce diamant , tâchez de le vendre un prix avantageux et employez-en le produit à racheter Conrad ; je vous demande , pour toute récompense , la faveur d'être regardé par vous comme votre fils et de rester toujours près de vous ; je n'ai pas de plus grand désir.

Grande était la tentation pour le vieux Riemann; Claus lui mettait en main le moyen de délivrer son fils , son cher Conrad, de rompre à jamais ses fers. Quel honheur, quelle félicité d'être tous réunis et de n'avoir plus rien à désirer sur la terre ! Cette perspective fit un instant chanceler le vieillard ; mais la voix de l'honneur l'emporta ; ses principes étaient trop inébranlables pour qu'il succombât à la tentation. Il repoussa l'offre de Claus.

Le refus de Riemann étonna le soldat:

— Comment ! s'écria-t-il avec surprise, un faux point d'honneur vous fait fouler aux pieds l'occasion de rendre à la liberté un fils qui s'est sacrifié pour vous ! Ce diamant, dont le prix doit servir à arracher à l'esclavage dans lequel il gémit votre généreux fils, n'est pas le fruit d'un crime ; car jamais je ne me suis laissé entraîner à commettre une action coupable pour augmenter mes ressources. Croyez-vous que le malheureux qui l'a détourné de la mine ne l'a pas bien payé à ses bourreaux par ses souffrances journalières ? C'est pour vous seul, père Riemann, que j'en ai fait l'acquisition ; si je n'avais pas cru vous rendre service, j'eusse repoussé l'offre du malheureux noir.

— Mon cher Claus, lui répondit Riemann, tout en vous sachant gré de votre offre généreuse, je ne puis me décider à l'accepter. Un fils aussi vertueux que Conrad mérite un père digne de lui. Oserais-je lever les yeux devant lui si jamais j'avais recours à des voies illicites pour lui rendre la liberté ? Je connais son cœur et ses principes, principes que dès sa plus tendre jeunesse je cherchai à graver dans son cœur. Je sais qu'il refuserait sa liberté s'il connaissait par quels moyens je la lui ai procurée. Gardez votre diamant, Claus, ou faites mieux : rendez-le aux autorités auxquelles il appartient légitimement; les souffrances du noir, les dangers qu'il a courus pour se l'approprier ne justifient pas son action; il n'en est pas moins coupable d'un acte d'indélicatesse. Si vous ne vous sentez pas la résolution de le rendre, il faut nous séparer; car je ne pourrais me résoudre à être le confident d'une faute qui me ferait rougir devant mes propres enfants.

Claus n'hésita pas à prendre une résolution; car son cœur était bon et ses principes honnêtes; il n'avait péché que par ignorance, et un seul mot suffit pour le faire rentrer dans la voie du bien.

— Mon brave père Riemann, s'écria-t-il, vous avez raison, j'ai eu grand tort d'acheter ce diamant au noir; car cet homme volait évidemment le gouvernement; mais comment réparer cette faute sans nous perdre? Si l'on découvre que l'esclave a dérobé ce diamant et me l'a vendu, nous périrons tous deux du dernier supplice. Je ne sais comment faire pour le rendre aux autorités sans causer notre ruine.

— Je crois avoir trouvé un excellent expédien t, dit Riemann après quelques minutes de réflexion. Si vous avez confiance en moi et que vous ayez sincèrement le désir de réparer votre faute, venez avec moi à Rio-Janeiro ; j'y ai fait la connaissance d'un homme qui, si j³ ne me trompe, nous aidera à restituer le diamant sans qu'il arrive malheur à vous ou au pauvre nègre, qui n'est qu'à demi coupable, puisqu'il n'a qu'une idée imparfaite du bien et du mal.

— Je ferai tout ce que vous croirez convenable, dit Claus. Dussé-je y perdre la vie, je veux me rendre digne de votre estime. Je vous jure, père Riemann, que je n'y eusse jamais songé sans l'idée que je pouvais vous aider à racheter votre fils.

Il tendit la main au vieillard et la lui serra avec une cordialité qui annonçait que sa résolution était sincère.

CHAPITRE XX.

——

Un voyage à Rio-Janeiro. — M. Albrecht.

Le bon Riemann ne pouvait se séparer de ses chers enfants sans un serrement de cœur involontaire ; car il avait résolu que, pendant son absence, Wilhelm resterait près de ses sœurs. Ses enfants ne pouvaient se rendre compte de l'émotion de leur père pour une séparation de si courte durée. Pour ne pas tourmenter ses enfants, Riemann leur avait caché le but de son voyage ; mais l'état d'agitation de leur père ne pouvait leur échapper ; car jamais ils ne l'avaient vu si troublé.

Ce brave vieillard surmonta la répugnance que lui causait ce voyage, tant l'amour de la vertu a de puissance sur les âmes honnêtes. Nos deux voyageurs se mirent en route, accompagnés des vœux de toute la famille. Je ne parlerai pas des fatigues de ce voyage : encore furent-elles moindres pour le père Riemann ; car Claus connaissait parfaitement le chemin de Rio-Janeiro, et ils ne firent pas un pas de plus.

Une fois arrivé dans la capitale, Riemann se rendit directement au palais du Gouvernement, dans l'espérance d'y rencontrer le brave secrétaire allemand auquel il avait parlé deux fois. Il ne fut pas trompé dans son attente. M. Albrecht (c'est le nom du secrétaire) le reconnut aussitôt, et, quittant pour un instant son travail, il demanda à Riemann ce qui l'amenait à Rio-Janeiro, et s'il se plaisait dans le beau district de Gigitonhonha.

— Comment ne m'y plairais-je pas? j'y vis heureux en travaillant, lui répondit Riemann. Je viens à Rio-Janeiro pour avoir avec vous un petit entretien particulier. J'espère que vous ne me refuserez pas cette faveur ; car le bonheur de plusieurs personnes en dépend, et je compte sur vos bons conseils.

— Mon cher ami, lui dit le secrétaire, je suis à votre disposition. Veuillez seulement attendre que j'aie terminé mon travail. Asseyez-vous ; nous irons ensemble chez moi aussitôt que je serai libre. Vous devez avoir besoin de repos ; car la route que vous venez de parcourir est longue.

Riemann s'assit et attendit patiemment que le secrétaire fût libre ; il eut occasion de bénir le hasard qui l'avait fait rencontrer un homme aussi bienveillant que M. Albrecht. Combien la conduite de ce digne jeune homme était différente de celle des autres employés du même bureau !

Les personnes qui attendaient impatiemment une réponse, et qu'un seul mot aurait pu satisfaire, attendaient des heures entières. Si elles répétaient leur demande, on les congédiait avec la plus insultante brutalité. D'autres, que leur peu de connaissance des formalités faisait s'adresser à

tort dans ce bureau, ne recevaient aucune réponse,
et celui à qui elles avaient remis leurs papiers, au
lieu de les leur rendre avec politesse, les leur jetait
grossièrement au visage. Quelques employés, jeunes
et étourdis, avaient l'air de se moquer des gens
qui s'adressaient à eux ; ce que le père Riemann
voyait à leurs manières, quoiqu'il comprît fort peu
la langue du pays. Quelle différence de conduite
dans M. Albrecht ! Il était toujours grave, mais af-
fable ; il se montrait bienveillant envers tout le
monde, donnait tous les renseignements nécessaires
à ceux qui s'étaient trompés, et ne renvoyait personne sans l'avoir satisfait par l'honnêteté de ses
réponses. Le père Riemann conçut une haute opinion de ce jeune homme et demeura convaincu
que ce n'était pas à tort qu'il avait pris la résolution de s'adresser à lui ; car ses traits respiraient la
plus douce philanthropie.

Quand les affaires du matin furent terminées,
M. Albrecht fit signe au vieillard de le suivre. Arrivé à sa maison, il fit servir à Riemann quelques
rafraîchissements et l'invita ensuite à lui parler ou-
vertement ; ce que celui-ci fit sans réserve.

M. Albrecht l'écouta attentivement. Quand il eut fini, il lui dit :

— Je dois vous avouer que cette affaire est fort délicate, non pas pour vous, qui venez restituer à la couronne un diamant qui lui a été enlevé, mais pour le nègre auteur du larcin et le soldat qui en est devenu le complice ; car, comme je vous l'ai dit avant votre départ, ce crime est puni de la manière la plus rigoureuse. Il me vient à l'idée un moyen d'arranger cette affaire. Vous savez que notre jeune impératrice est Allemande. Elle aime sa patrie et protége, autant qu'il est en son pouvoir, tous les Allemands qui viennent s'établir dans ses États. C'est à elle que je dois la place que j'occupe ; j'en obtiendrai sans peine une audience ; car elle accorde facilement cette faveur à tous ceux qui demandent à lui parler. Je l'irai voir aujourd'hui même ; je l'entretiendrai de cette affaire, et je compte sur sa protection généreuse ; car son cœur est compatissant. Veuillez me confier le diamant volé, afin que je puisse le lui remettre. Allez rejoindre votre ami, tranquillisez-le autant que cela est possible et revenez ici, je désire que vous restiez chez moi jusqu'à la conclusion de cette affaire. Mes services sont acquis à tous ceux qui, comme vous, n'hésitent pas à faire le sacrifice de leurs attachements les plus forts pour ne pas commettre une action qui répugne à leur conscience. Vous pouvez en toute occasion compter sur mes conseils ou sur mon appui.

Le secrétaire serra amicalement la main de Riemann, qui, le cœur plein de reconnaissance, alla rejoindre Claus. Il l'avait laissé dans une petite auberge aux portes de la ville, et le pauvre diable attendait son retour avec impatience.

— Dieu nous aidera à sortir d'embarras, dit Riemann à Claus en lui contant le résultat de sa démarche auprès de M. Albrecht : dans aucun cas vous n'avez à redouter une punition rigoureuse; c'est à vous de supporter en homme et en chrétien celle qui vous sera infligée. L'homme vraiment vertueux éprouve un secret plaisir à souffrir pour la bonne cause.

— Vous avez raison, père Riemann, lui répondit Claus; je suivrai vos conseils. Votre exemple m'a fortifié dans la voie du bien ; j'ai promis à Dieu et

à moi-même de consacrer à la plus rigide vertu le
reste de ma vie et de ne jamais dévier du chemin
de l'honneur. Vous qui refusez de racheter la liberté de votre fils au prix d'une action condamnable, vous me montrez ce qu'on peut supporter
quand on a dans le cœur des principes de vertu
fermement établis.

Ils s'entretinrent longtemps encore de la sorte.
Le père Riemann était fier de Claus, à qui il pouvait, sans rougir, donner le nom d'ami; car il s'é-
tait rendu véritablement digne de son estime, en
renonçant à l'idée de s'approprier un bien qui ne
lui appartenait pas. Quand l'heure fixé par M. Albrecht fut arrivée, Riemann quitta Claus et se
rendit chez son protecteur, pour connaître le résultat des démarches de cet excellent jeune homme
auprès de l'impératrice. Il était plus occupé de
cette affaire que des siennes propres; car il ne
pouvait se dissimuler que c'était lui qui était en
partie cause de l'embarras dans lequel se trouvait
Claus. Ce brave soldat avait la ferme résolution
d'employer le produit de la vente de son diamant
à racheter Conrad. Quand le père Riemann pensait

au plaisir qu'il aurait éprouvé à voir tomber les
fers de son généreux fils, le cœur lui battait de joie,
les larmes lui venaient aux yeux ; cependant, depuis son arrivée à Rio-Janeiro, il concevait une
secrète espérance de le voir prochainement libre.

CHAPITRE XXI.

—

Conrad recouvre la Liberté.

— Quand vont-ils donc revenir ? disait chaque jour Anna. Que le temps me semble long ! Si encore nous connaissions le motif de ce voyage, nous serions moins tourmentés; mais le départ précipité de notre père avec cet étranger me semble de mauvais augure.

— Ne te chagrine pas, lui disait Wilhelm; Claus est un brave homme, incapable de jeter mon père dans un embarras quelconque. Peut-être viendront-ils aujourd'hui.

Les jours s'écoulaient, et les deux voyageurs ne revenaient point. Mêmes plaintes de la part d'Anna, mêmes consolations du côté de Wilhelm. Cependant ce brave garçon et Marguerite elle-même ne pouvaient s'empêcher de concevoir de l'inquiétude. Tous les matins Wilhelm allait au-devant d'eux, et revenait vers le milieu du jour, accablé de fatigue et d'ennui, sans les avoir aperçus.

Anna était devenue insensible aux caresses de ses perroquets, qui, à force de soins et de patience, étaient cependant devenus les plus charmants oiseaux du monde. Ils accouraient à sa voix, se perchaient sur son épaule ou sur son doigt, et venaient manger dans sa main.

Un incident heureux vint cependant faire diversion à l'anxiété de la famille.

Un matin, Wilhelm trouva dans sa fosse d'argile une belle vache, qui y était tombée en allant boire au fleuve. Il n'était pas assez fort pour l'en tirer; car elle était très-pesante, et si sauvage,

qu'il eût été dangereux de s'en approcher ; mais il
comptait sur l'assistance de son père et de Claus
pour s'emparer de cet animal.

Ils se contentèrent pour l'instant de jeter dans
la fosse de l'herbe fraîche et d'y descendre un
grand vaisseau de terre rempli d'eau ; car ils sup-
posaient que la pauvre bête devait être dévorée
par la soif. Dans le commencement, tous leurs
soins furent en pure perte ; la vache poussait d'affreux mugissements et frappait des cornes les pa-
rois de la fosse. Enfin, peu à peu ses forces s'épui-
sèrent, et sa fureur fit place au calme. Wilhelm
s'aperçut qu'elle avait même déjà mangé et bu ;
ce qui lui fit espérer de pouvoir la conserver jusqu'au retour de son père.

Il ne fut pas trompé dans son attente : au bout
de peu de jours l'animal devint tout à fait calme
et mangea avec avidité les herbes que lui jetait
Wilhelm. Il avait été plus d'une fois tenté de descendre dans la fosse pour considérer de plus près
sa belle capture ; mais ses sœurs l'en avaient empêché, et cela avec raison ; car on connaît les ac-
cidents arrivés à un grand nombre de chasseurs,

6.

qui, tombés dans une fosse où s'était pris un buffle ou un bison, étaient à l'instant mis en pièces par l'animal furieux.

Marguerite allait plusieurs fois le jour visiter sa belle vache, que déjà elle croyait voir dans son étable; elle songeait avec joie aux avantages qu'elle retirerait de la possession d'un animal si précieux. Ils auraient désormais en abondance du beurre et du fromage, dont ils n'avaient pas goûté une seule fois depuis leur départ d'Allemagne.

L'inquiétude de la famille était au comble, lors-qu'un jour enfin Marguerite et Anna, qui s'étaient éloignées à une grande distance, virent trois hommes se diriger vers leur habitation; ils étaient encore trop loin pour qu'on pût distinguer leur visage. Elles crurent un instant que ce n'étaient pas ceux qu'elles attendaient; car ils venaient trois et ne devaient cependant être que deux : leur père amenait-il un autre étranger, ou bien était-ce en effet d'autres voyageurs?

Fuchs, qui était resté dans la chaumière pour leur sécurité, et dont l'œil était plus sûr que le leur, se dirigea en courant vers les trois voyageurs.

Quand il les eut rejoints, elles virent, à leur grand étonnement, que ses caresses s'adressaient à deux d'entre eux. Il se roulait à leurs pieds et cherchait à leur exprimer sa joie par mille caresses.

— Enfin, ce sont eux ! s'écrièrent Marguerite et Anna.

Elles pressèrent le pas pour être plus tôt dans les bras de leur père. Un des voyageurs quitta ses compagnons et vint se jeter à leur cou, en s'écriant :

— Mes chères sœurs, me voici ! Nous ne nous quitterons plus !

— Quoi ! Conrad, c'est toi ? Est-il possible ? tu es libre, mon bon frère ! Quelle joie ! s'écriaient-elles toutes deux à la fois en versant des larmes de plaisir. Grand Dieu ! est-il possible ? Ne révé-je pas ?

— Oui, c'est moi, c'est bien moi, mes chères sœurs ! Mes peines sont finies, je suis libre, et, qui plus est, près de vous.

— Comment cela est-il possible ? demanda Marguerite.

— Je vous conterai cela plus tard ; ne songeons

pour l'instant qu'au plaisir de nous revoir, et remercions le Seigneur d'avoir brisé mes fers au moment où j'y comptais le moins. Ma délivrance est évidemment l'effet de sa volonté.

Pendant que cette scène attendrissante se passait, les deux autres voyageurs arrivèrent. Ce fut encore une nouvelle joie. Ils étaient accablés de questions si précipitées, qu'ils ne pouvaient suffire à y répondre.

On arriva enfin à l'habitation. Anna n'eut rien de plus pressé que d'appeler Wilhelm de tous côtés. Il était allé donner à manger à sa vache. Quand il entendit la voix d'Anna, il se hâta d'accourir.

Sa joie et sa surprise furent aussi vives que l'avaient été celles de ses sœurs.

Quoique Conrad fût très-fatigué de la longue route qu'il venait de faire, on ne lui laissa pas de repos qu'il n'eût admiré toutes les beautés de l'habitation. Il lui fallut parcourir, avec Wilhelm et Anna, leur vaste jardin, visiter la plantation de cocotiers et le champ de riz, que chaque jour ils arrosaient abondamment, à cause de l'humidité qu'exige cette plante. On ne lui fit pas grâce du plus petit détail : il fut obligé d'aller voir la vache tombée dans la fosse de Wilhelm.

Conrad était surpris de voir cette petite plantation dans un état si florissant. Il ne s'était pas attendu à trouver, au milieu de cette contrée sauvage, une habitation où tout annonçait l'abondance. Quelle joie il éprouvait d'être rendu à sa chère famille, au milieu de laquelle il allait désormais couler une vie si heureuse et si paisible ! Il y avait encore beaucoup d'améliorations à faire ; mais aujourd'hui qu'il y avait un plus grand nombre de bras dans la petite colonie, il devenait facile d'agrandir la culture et d'en augmenter le produit. Il avait acquis pendant son esclavage des connaissances pratiques dans le mode de culture qui convient le mieux à ces pays méridionaux, et il méditait déjà une foule d'innovations qui seraient profitables à la communauté. Aujourd'hui qu'il était libre, il s'applaudissait d'avoir passé quelques mois au milieu des esclaves, puisqu'il y avait appris une foule de choses inconnues aux Européens et indispensables à ceux qui vont s'établir au Brésil avec l'intention d'y cultiver la terre.

CHAPITRE XXII.

Conclusion.

Mes chers amis, vous êtes, j'en suis sûr, aussi désireux que l'était la famille du brave laboureur d'apprendre ce qui arriva à Riemaun et à son compagnon, le pauvre Claus, que nous avons laissé à Rio-Janeiro dans une situation critique. Ce qui les intéressait surtout, c'était de savoir comment leur cher Conrad avait recouvré la liberté.

Nous avons laissé le bon vieillard dans la maison de M. Albrecht; il y attendait avec impatience que son sort et principalement celui de Claus fussent décidés. Depuis qu'il connaissait les principes de ce brave militaire et son désir de réparer sa faute à quelque prix que ce fût, il lui était devenu aussi cher que son propre fils.

Nous sommes tous sujets à l'erreur. Quel est celui de nous qui achève sa carrière sans avoir aucune faute à se reprocher? On distingue le bon du méchant en ce que le premier s'efforce de racheter, par son repentir sincère et au prix même des plus grands sacrifices, les fautes qu'il a commises, tandis que le dernier persévère dans sa conduite vicieuse, et, fermant son cœur au repentir, accumule crime sur crime.

Il ne faut pas juger du mérite des hommes d'après une seule de leurs actions ; car l'homme le plus vertueux peut tomber dans l'erreur ; mais son repentir est si profond, son désir de rentrer dans la bonne voie si ardent et si sincère, que les gens de bien ne peuvent refuser de lui rendre leur estime, et Dieu, qu'il a offensé un moment, lui accordera le pardon de sa faute. Telle était la position de Riemann à l'égard de Claus, et l'on s'explique facilement pourquoi il lui portait un si vif intérêt.

M. Albrecht n'avait pas perdu son temps ; il avait trouvé l'occasion de parler à la jeune et bienfaisante impératrice et de lui demander protection pour son compatriote. Il lui remit le diamant que Claus avait acheté à Tejucco.

L'impératrice fut très-touchée de la probité du bon Riemann et du repentir de Claus ; elle manifesta le désir de les voir et promit d'intercéder pour eux auprès de son époux, afin qu'on ne donnât aucune suite à cette affaire, qui aurait pour dénoûment la mort de l'infortuné noir.

Riemann et Claus furent conduits par le secrétaire dans le jardin impérial, où se promenait l'impératrice.

Le pauvre vieillard sentit violemment battre son cœur en rentrant dans le jardin où travaillait son cher Conrad en qualité d'esclave. Quelle félicité s'il pouvait le revoir, ne fût-ce qu'un seul instant ! Quelle joie de presser ce digne fils sur son cœur ! Riemann cherchait des yeux dans le jardin s'il ne découvrirait pas Conrad au milieu des travailleurs ; mais il fut bien cruellement trompé dans son espoir ; il n'apercevait que des nègres, et pas un seul blanc parmi eux.

L'impératrice les reçut avec une bienveillance toute particulière ; elle adressa des paroles flatteuses à Riemann et encouragea le pauvre Claus, qui était pâle et tremblant devant elle. Elle lui donna l'assurance que son époux, touché de ses remords et de son prompt retour à la vertu, lui accorderait un entier pardon de sa faute.

Pendant que l'impératrice adressait à Claus des paroles de consolation, une troupe d'esclaves conduits au travail à coups de fouet, parut au détour d'une allée ; ils étaient suivis de leur farouche gardien, qui ne s'attendait pas à la présence de sa souveraine. Un jeune blanc, qui marchait en tête des esclaves, s'arrête, se précipite dans les bras de Riemann en s'écriant :

— Mon père ! mon cher père !

Tous deux se tenaient étroitement embrassés sans pouvoir prononcer une seule parole. Leurs larmes coulaient en abondance.

— Qu'est-ce que cela signifie ? demanda l'impératrice avec étonnement ; quel est ce jeune homme ?

— Madame, lui répondit Riemann avec une noble assurance, ce jeune homme est mon fils, mon cher Conrad ; quoiqu'il soit esclave, il n'en est pas moins l'orgueil de ma vieillesse.

Conrad, dont la modestie était blessée des louanges que lui prodiguait son père, l'invitait au silence, en le priant de ne pas parler d'une action qui était si naturelle, qu'elle n'avait pas besoin d'éloges. Lorsque l'impératrice, qui avait un pressentiment de cette aventure, demanda à connaître l'histoire du jeune esclave, Claus fut le narrateur. Quand il eut fini, on vit une larme d'attendrissement briller dans les yeux de la princesse. Cette larme, juste tribut d'admiration payé à l'amour filial, était mille fois plus précieuse que les riches diamants qui ornaient sa couronne.

— Tant de vertu mérite une récompense, s'écriat-elle en se tournant vers Conrad ; jeune homme, vous êtes libre, retournez avec les vôtres ; je me charge de votre rançon. Tenez, ajouta-t-elle en tirant une bague de son doigt, prenez cette bague

comme un souvenir de moi ; elle vous rappellera
que jamais je n'éprouvai un plus vif plaisir qu'en
voyant devant-moi une famille véritablement vertueuse. Conservez avec soin ce bijou et transmet-
tez-le à vos descendants. Puissent-ils, brave jeune
homme, hériter de vos vertus. Je veux contribuer
à votre bonheur et vous procurer tout ce qui pourra
vous rendre agréable le séjour de ce pays. Monsieur Albrecht, dit-elle au secrétaire, je vous
charge de veiller sur l'avenir de ces braves gens.
J'ai la conviction que ce devoir sera doux à rem-
plir pour un cœur aussi bienfaisant que le vôtre.

En disant ces mots, elle s'éloigna, comblée des
bénédictions de ceux dont elle venait de faire le
bonheur. Chacune de ses paroles était restée gra-
vée dans tous les cœurs.

Albrecht voulait qu'ils restassent quelques jours
encore dans la capitale, pour attendre les présents
que leur destinait l'impératrice ; mais ils étaient si
inquiets sur le sort de ceux qu'ils avaient laissés
dans la plantation, qu'ils ne voulurent pas s'arrêter un seul jour de plus. Ils se mirent immédia-
tement en route, accompagnés des vœux du

généreux secrétaire, qui leur promit de leur faire parvenir les dons de leur bienfaitrice.

Depuis ce moment, nos émigrants virent renaître le bonheur. A la place de leur humble et rustique cabane, s'éleva une jolie maison où se trouvaient toutes les commodités de nos habitations d'Europe. Le jardin qui l'entourait fut planté d'arbres fruitiers donnant la plus riche récolte ; leurs champs, cultivés avec soin, mais sans fatigue, rapportèrent abondamment tout ce qui est nécessaire aux besoins de la vie. Six belles vaches au poil luisant et poli vinrent prendre place dans une étable spacieuse et aérée. Marguerite était au comble de la joie ; elle allait matin et soir traire ses vaches, qui lui donnaient du lait en abondance.

Claus devint l'époux de Marguerite. Conrad présenta à son père la fille d'un de leurs compatriotes, que la misère avait, ainsi qu'eux, forcés de venir s'établir au Brésil. Le vieillard les bénit et accepta la jeune fille pour bru.

Conrad se rappela que, pendant toute la durée de son esclavage, le bon Mandango n'avait pas

cessé de lui rendre des services ; que c'était à lui
qu'il devait d'avoir acquis les connaissances qu'il
avait, et en outre d'avoir plus d'une fois évité des
châtiments ; car vous savez que, dans ces pays encore à demi sauvages, où l'homme n'a nulle pitié
de ses semblables, les fautes les plus légères sont
punies avec une barbarie sans égale. Il parla à son
père du projet qu'il avait de le racheter ; les libé-
ralités de l'impératrice les avaient mis à même de
le faire ; ensuite Mandango, ayant déjà atteint un
âge où les forces commencent à diminuer, surtout
quand on a passé sa vie à de rudes travaux, n'était
pas d'un prix très-élevé. Riemann y consentit ;
Conrad alla à Rio-Janeiro, racheta Mandango, qui
vint s'établir au milieu de la famille et contribua,
pour sa part, à l'accroissement de la prospérité
commune.

Nos émigrants durent une partie de ce bonheur
à l'impératrice, qui ne les oublia jamais et s'occupa toujours d'eux avec une sollicitude mater-
nelle. Elle ne leur donna que peu d'argent ; car
ils n'en avaient pas besoin ; mais ce fut elle qui fit
agrandir leur jardin, reconstruire leur chaumière,

et mit leur petite ferme sur un pied de prospérité qui permettait que leur aisance augmentât chaque jour.

Anna et Wilhelm coulèrent d'heureux jours au milieu de leur chère famille.

Après avoir éprouvé d'aussi rudes traverses, nos émigrants jouissent en paix d'un bonheur qu'ils ne doivent qu'à leur persévérance et à leur probité. Honneur à celui qui ne ternit pas sa vie par une action coupable et ne s'écarte jamais de ses devoirs ! il recevra tôt ou tard le prix dû à sa vertu.

FIN.

TABLE.

144 TABLE.

FIN DE LA TABLE.

Rouen.—Imp. MÉGARD et Cie, Grand'Rue, 156.

www.ingramcontent.com/pod-product-compliance
Lightning Source LLC
Chambersburg PA
CBHW072119090426
42739CB00012B/3016